"瑜伽文库"编委会

策　划	汪　瀰
主　编	王志成
编委会	陈　思　迟剑锋　戴京焦
	方　桢　富　瑜　高光勃
	郝宇晖　何朝霞　蕙　觉
	菊三宝　科　雯　Ranjay
	灵　海　刘从容　路　芳
	毛　鑫　迷　罗　沙　金
	顺　颐　宋光明　王保萍
	王东旭　王　洋　王　媛
	闻　中　吴均芳　尹　岩
	张新樟　朱彩红　朱泰余

观念的力量
知识社会的瑜伽教育

【印】斯瓦米·巴伽南达 / 著

朱彩红 / 译

四川人民出版社

图书在版编目（CIP）数据

观念的力量：知识社会的瑜伽教育/（印）斯瓦米·巴伽南达著；朱彩红译．－－ 成都：四川人民出版社，2021.3
（瑜伽文库/王志成主编）
ISBN 978-7-220-12183-8

Ⅰ.①观… Ⅱ.①斯… ②朱… Ⅲ.①瑜伽派—哲学思想—印度 Ⅳ.①B351

中国版本图书馆CIP数据核字（2020）第247843号

Pulished by arrangement with Adhyaksha Sri Ramakrishna Vidyashala Yadavagiri,Mysuru-570020
All Rights Reserved.

Not Part of this book may be reproduced in any form without written permission from the publisher.

四川省版权局著作权登记 [图进] 21-2021-22

GUANNIAN DE LILIANG
ZHISHI SHEHUI DE YUJIA JIAOYU

观念的力量：知识社会的瑜伽教育

[印] 斯瓦米·巴伽南达 著

朱彩红 译

责任编辑	何朝霞 王莹
封面设计	肖洁
版式设计	戴雨虹
责任校对	林泉 吴玥
责任印制	王俊
出版发行	四川人民出版社（成都槐树街2号）
网址	http://www.scpph.com
E-mail	scrmcbs@sina.com
新浪微博	@四川人民出版社
微信公众号	四川人民出版社
发行部业务电话	（028）86259624　86259453
防盗版举报电话	（028）86259624
照排	四川胜翔数码印务设计有限公司
印刷	成都东江印务有限公司
成品尺寸	130mm×185mm
印张	9.625
字数	200千
版次	2021年3月第1版
印次	2021年3月第1次印刷
书号	ISBN 978-7-220-12183-8
定价	42.00元

■版权所有·侵权必究
本书若出现印装质量问题，请与我社发行部联系调换
电话：（028）86259453

"瑜伽文库"总序

古人云：观乎天文，以察时变；观乎人文，以化成天下。人之为人，其要旨皆在契入此间天人之化机，助成参赞化育之奇功。在恒道中悟变道，在变道中参常则，"人"与"天"相资为用，相机而行。时时损益且鼎革之。此存"文化"演变之大义。

中华文明源远流长，含摄深广，在悠悠之历史长河，不断摄入其他文明的诸多资源，并将其融会贯通，从而返本开新、发闳扬光，所有异质元素，俱成为中华文明不可分割的组成部分。古有印度佛教文明的传入，并实现了中国化，成为华夏文明整体的一个有机部分。近代以降，西学东渐，一俟传入，也同样融筑为我们文明的固有部分，唯其过程尚在持续之中。尤其是20世纪初，马克思主义传入中国，并迅速实现中国化，推进了中国社会的巨大变革……

任何一种文化的传入,最基础的工作就是该文化的经典文本之传入。因为不同文化往往是基于不同的语言,故文本传入就意味着文本的翻译。没有文本之翻译,文化的传入就难以为继,无法真正兑现为精神之力。佛教在中国的扎根,需要很多因缘,而前后持续近千年的佛经翻译具有特别重要的意义。没有佛经的翻译,佛教在中国的传播就几乎不可想象。

随着中国经济、文化之发展,随着中国全面参与到人类共同体之中,中国越来越需要了解更多的其他文化,需要一种与时俱进的文化心量与文化态度,这种态度必含有一种开放的历史态度、现实态度和面向未来的态度。

人们曾注意到,在公元前8—前2世纪,在地球不同区域都出现过人类智慧大爆发,这一时期通常被称为"轴心时代"。这一时期所形成的文明影响了之后人类社会2000余年,并继续影响着我们生活的方方面面。随着人文主义、新技术的发展,随着全球化的推进,人们开始意识到我们正进入"第二轴心时代"(the Second Axial Age)。但对于我们是否已经完全进入一个新的时代,学者们持有不同的意见。英国著名思想家凯伦·阿姆斯特朗(Karen Armstrong)认为,我们正进入第二轴心时代,但我们还没有形成第二轴心时代的价值观,我们还需要依赖第一轴心

"瑜伽文库"总序

时代之精神遗产。全球化给我们带来诸多便利,但也带来很多矛盾和张力,甚至冲突。这些冲突一时难以化解,故此,我们还需要继续消化轴心时代的精神财富。在这一意义上,我们需要在新的处境下重新审视轴心文明丰富的精神遗产。此一行动,必是富有意义的,也是刻不容缓的。

在这一崭新的背景之下,我们从一个中国人的角度理解到:第一,中国古典时期的轴心文明,是地球上曾经出现的全球范围的轴心文明的一个有机组成部分;第二,历史上的轴心文明相对独立,缺乏彼此的互动与交融;第三,在全球化视域下不同文明之间的彼此互动与融合必会加强和加深;第四,第二轴心时代文明不可能凭空出现,而必具备历史之继承和发展性,并在诸文明的互动和交融中发生质的突破和提升。这种提升之结果,很可能就构成了第二轴心时代文明之重要资源与有机部分。

简言之,由于我们尚处在第二轴心文明的萌发期和创造期,一切都还显得幽暗和不确定。从中国人的角度看,我们可以来一次更大的觉醒,主动地为新文明的发展提供自己的劳作,贡献自己的理解。考虑到我们自身的特点,我们认为,极有必要继续引进和吸收印度正统的瑜伽文化和吠檀多典籍,并努力在引进的基础上,与中国固有的传统文化,甚至与尚在涌动之中的当下文化彼此互勘、参照和接轨，努力让印度的古老文化可以服务于中国当代的新文化建设，并最终可以服务于人类第二轴心时代文明之发展，此所谓"同归而殊途，一致而百虑"。基于这样朴素的认识，我们希望在这些方面做一些翻译、注释和研究工作，出版瑜伽文化和吠檀多典籍就是其中的一部分。这就是我们组织出版这套《瑜伽文库》的初衷。

由于我们经验不足，只能在实践中不断累积行动智慧，以慢慢推进这项工作。所以，我们希望得到社会各界和各方朋友的支持，并期待与各界朋友有不同形式的合作与互动。

"瑜伽文库"编委会

2013年5月

"瑜伽文库"再序

经过多年努力,"瑜伽文库"已粗具体系化规模,涵盖了瑜伽文化、瑜伽哲学、瑜伽心理、瑜伽冥想、体位和呼吸、瑜伽疗愈、阿育吠陀瑜伽乃至瑜伽故事等,既包含着古老的原初瑜伽经典,又包括了现代的瑜伽实践文化。瑜伽,这一生命管理术,正在滋养着现代的瑜伽人。

时间如梭,一切仿佛昨日,然一切又永远不同。自"瑜伽文库"设立起,十余年来,世界巨变如沧海,无论是个人,还是环境、社会,抑或世界,正经历着种种影响难以估量的重大全球性事件。尤其庚子肇起,世界疫情严重,全球化进程突变,经济危机一触即发。在这个进程中,压力是人们普遍的感受。这个压力来自个人的工作,来自家庭的关系,来自社会的变故,来自身体的透支,来自自我的反省,来自世界的不确定性。伴随着压力的是不知所措,更严重的则是无力或无奈,是生命在追求确定性过程中的某种虚幻和漂浮。

不确定性，是我们的世界普遍的特征。我们总是渴望确定。但在这尘世间，种种能量所建构起来的一切，都是变动不居的。我们人所赋予的一切的名相都是暂时的、有限的。我们需要适应这不确定性。与不确定性为友，是我们唯一的处世之道。

期盼，是我们每个人的自然心理。我们期盼世界和平，期盼身体康健、工作稳定，期盼家庭和睦、关系美好，期盼良善的安身立命。

责任，是我们每个人都需要面对、需要承担的。责任就是我们的存在感，责任越大，存在感越强。逃避责任或害怕责任，则让我们的存在萎缩。我们需要直面自身在世上的存在，勇敢地承担我们的责任。

自由，是我们每个人真正的渴望。我们追求自由，即是追求无限、追求永恒。从最简单的身体自由，到我们在日常生活中种种的功能性自由，到终极存在中内心获得安住的自由，自由即是无限。

身份，是我们每个人都期望确定的。我们的心在哪里，我们的身份就在哪里。心在流动，身份也不断在转变。但我们渴望恒久的身份，为的是在尘世中的安宁。

人是生成的。每一个个人做好，社会就会做好，世界就会做好。而个人自己做好，首先和必要的就是要身心安宁。身心安宁，首先就需要一个健康的身体。身体是我们在这世上存在的唯一载体，唯有它让我们种种生活的可能性得以实现。

身心安宁，意味着我们有着抗压的心理能量，有着和压力共处的能力，有着面对不确定的勇气和胆识，有着对自身、对未来、对世界的期盼，意味着对生活的真正信心，对宇宙的真正信心，对我们人的真正信心。有了安宁的身心，我们才能履行我们的责任，不仅是个体的责任，也是家庭的责任、社会的责任、自然和世界的责任，拥有一种宇宙性的信心来承担我们的责任。在一切的流动、流变中，"瑜伽文库"带来的信息，可以为这种种的责任提供深度的根基和勇气，以及人的实践之尊严。

"瑜伽文库"有其自身的愿景，即希望为中国文化做出时代性的持续贡献。"瑜伽文库"探索生命的意义，提供生命实践的道路，奠定生命自由的基石，许诺生命圆满的可能。她敬畏文本，敬畏语言，敬畏思想，敬畏精神。在人类从后轴心时代转向新轴心时代的伟大进程中，为人的身心安宁和精神成长提供她应有的帮助。

人是永恒的主题。"瑜伽文库"并不脱离或者试图摆脱人的身份。人是什么？在宏阔的大地上，在无限的宇宙

观念的力量

中,人的处境是什么?"瑜伽文库"又不仅仅是身份的信息。相反,透过她的智慧原音,我们坦然接受我们人的身份,但又自豪并勇敢地超越人的身份,我们立足大地,但我们又不只是属于大地的;我们是宇宙的,我们又是超越宇宙的。

时代在变迁,生命在成长。人的当下的困境,不在于选择什么,而在于参与、在于主动的担当。在这个特别的时代,我们见证一切的发生,参与世界的永恒游戏。

人的经验是生动活泼的。存在浮现,进入生命,开创奋斗,达成丰富,获得成熟,登上顶峰,承受时间,生命重生,领略存在的不可思议和无限的可能。

"瑜伽文库"书写的是活生生的人。愿你打开窗!愿你见证!愿你奉献热情!愿你喜乐!愿你丰富而真诚的经验成就你!

"瑜伽文库"编委会

2020年7月

目　录

序　言.................................*001*

导　言.................................*004*

第一章　今日之青年.................................*001*

第二章　观念的力量.................................*038*

第三章　针对学生的五项原则.................................*071*

第四章　现代世界青年的问题.................................*081*

第五章　以无私服务传导青年力量.................................*106*

第六章　室利·罗摩克里希那的独特启示

　　　　及其与今日教育的关联.................................*117*

第七章　斯瓦米·维韦卡南达的生活及其启示..........125

第八章　我们为什么要有道德？

　　　　——斯瓦米·维韦卡南达的伦理道德观

　　　　在现代的重要性..........156

第九章　综合教育

　　　　——从斯瓦米·维韦卡南达的观点来看..........168

第十章　教育作为瑜伽

　　　　——新视角下的灵性教育..........182

第十一章　价值观，瑜伽与实相..........193

第十二章　健康，瑜伽与自我更新..........212

第十三章　快乐的法则..........228

第十四章　成功的真理..........241

第十五章　起来，醒来，直达目标..........263

序　言

印度是一片有着伟大灵性历史的土地,这片土地上的人民始终以无私地履行职责为荣,以维护包罗万象的正法为荣。室利·阿底·商羯罗(Sri Adi Shankara)曾说:"要通过履行职责来净化心意。"依照正法履行职责是必要的,对我来说,正法是价值观与伦理的总和,它指引人的思想,帮助人造福自身和社会。然而,要理解正法的本质不是件容易的事,对正法有再多的知识也不够,众所周知,"正法的真理隐藏在觉悟者的心中"。

我们有必要认识正法的重要性,实际上也有可能让每一个人理解这个主题。我们需要简单的工具来传达正义的思想,并给予我们的年轻人一个机会来理解诸如斯瓦米·维韦卡南达(Swami Vivekananda)这样的人物的生活及其启示。在此背景下,本书包含了有关伦理道德的极其重要的内容,让今天的年轻人能够用来实践,并能让他们出类拔萃,无论选择的是何种事业。

本书的主题是"观念的力量",分为四个部分。第一部分描述了今日之青年的面貌,以及我们何以必须激励他们通过瑜伽方法和自我觉悟去担当更重要的角色,从而确立了本书的语境。第二部分阐发了斯瓦米·维韦卡南达和室利·罗摩克里希那（Sri Ramakrishna）的思想。第三部分讲述知识的重要性，以及我们何以必须为了改善社会而传播知识。在第四部分，阐释真理的意义，并以如下洞见收尾：达成职业目标需要什么？

本书引用了斯瓦米·维韦卡南达的一些激励人心的话语，他的思想穿越时空，指导我们理解自我知识的概念，以及自我知识在解决一些日常生活问题时的重要性。书中有一章还陈述了斯瓦米·维韦卡南达对多元论所持的观点。

在另一章中，斯瓦米吉[①]讲述了一个实例：用知识去解决我们国家最迫切的问题——消除贫困。斯瓦米指出："如果说知识是西方繁荣的基础，那么无知就是印度贫穷的根本原因。"我同意唯有知识才能消除贫困，让印度成为一个更美好的地方。解决印度的贫困问题将产生重大的全球影响，因为印度对全球大多数穷人负有责任。一个国家的贫困水平和知识水平有着直接关系，而知识水平是依据识字率和教育水平比率来衡量的。

通读本书，你就会知道如何以一种平静、正直和自我知识驱动的方式来面对现实世界的日常问题，比如，斯瓦米提到，"当我们成功时，是真理成功，而不是我们成功。当我们失败时，是我们失败，而不是真理失败"。

我觉得本书令人耳目一新，充满简单而强大的"正法"思想。阅读本书令人富有见地、自豪、深受启发和自信。本

---

① 指本书作者斯瓦米·巴伽南达。——译者注

书非常适合人们阅读,尤其是学生、教师和专业人员。

我感谢室利·罗摩克里希那道德与精神研究所(Sri Ramakrishna Vidyashala)给我机会与殊荣来撰写本书的序言。

室利·拿拉央那·默提(Sri N.R. Narayana Murty)
印孚瑟斯技术前董事长和首席指导
2016年11月6日于班加罗尔

导 言

　　教育是人类所有进步之根本。现时代的特征是全球的快速发展，归因于知识的作用（既包括客观知识也包括主观知识），而这预示着一股新的进步浪潮。同时，这种发展也带来巨大的挑战——克服日益增长的个人"生存论问题"、社会冲突，以及人与自然环境的不和谐。另一个同样重要的挑战是一项终生任务：在一个错综复杂、不断变化与相互连接的世界里，不断更新知识与技能。

　　尽管我们在过去的许多世纪里经历了社会的剧变与停滞，但一种新的觉醒正在印度渐露端倪，连同一个伟大的希望——印度实现全面发展。这一发展前景可以得到印度在复兴关头所能收获的人口红利的支撑，然而，成功的关键取决于我们的这一能力：让所有人获得"真正的教育"。

　　真正的教育是什么？它对当前关系重大，能够克服当前的种种挑战；它能增强个体的力量，增加集体的福祉；它还能复兴追求知识的目标，并指引追求者发现自己的潜能。这些问题一直是若干年来讨论的主题，吸引了全球一些最聪明的人。本书试图说明这些极其重要的问题，由此，它可以成为复兴我们的教育观点、过程与机构的无价财富。

导　言

我们今日的教育体系最大的短处在于一些弊病折磨着我们的学生、教师和教育体系，它们源于教育的目的——教育的目的被设想得过于狭隘，主要聚焦于考试和工作。我们迫切需要纠正我们偏颇的看法，以及我们普遍痛苦的生活方式，纠正的方法就是获取并运用知识；知识是拓宽教育眼界、强化崇高价值观所必需的，而这二者对于生活品质的改善十分重要。

本书是一个审慎的尝试，试图向广大学生和整个年轻一代揭示知识的各个方面，它们是对学术性课程的补充。因而，本书可以充当高中生和大学生的通识课本，也可以充当青年、专家和父母的灵感来源读物。另外，本书历经时间检验，以价值观为基础的内容可以充当公司部门导师和训练员的指南。本书的主要目标在于让年轻一代获得对于生活和现实的宽广视野，并唤醒他们的心意，从而让他们看到自己内在的巨大可能性——这一切依据的是斯瓦米·维韦卡南达的实践启示。事实上，斯瓦米·维韦卡南达的启示乃是本书表达的所有重要观点之源泉。

本书的作者斯瓦米·巴伽南达（Swami Bhajanananda）曾任罗摩克里希那修道会的月刊《印度觉醒》（*Prabuddha Bharata*）的编辑，现任该机构的副秘书长。他以对虔信的灵性维度、冥想、东西方各个哲学流派和其他相关学科的精深研究与理解而著称。他博学而精深的作品包含许多具有开创性、教育性和启发性的全新观点。他的作品在相关领域被视为权威。他是个多产的作家，与时俱进，并被认可为一名卓越的思想家。我们承蒙尊敬的巴伽南达的允许出版这本富有价值的书，总体而言是为了读者的利益，具体而言是为了广大学生的利益。他对教育的全部洞见基于斯瓦米·维韦卡南达的观点、作品和话语，具有普遍的吸引力和当代意义。

本书大部分内容是作者于1979年至1986年在《印度觉醒》上所发表的社论之选编，也收录了少数发表在其他杂志上的文章。为了本书的出版，所有早期的文章与谈话都重新进行编辑、修订。

我们试图在整本书中以先后次序呈现观点，重复不可避免，因为本书是不同时期文章的选编。重复也有助于在不同的语境中强调或完善某些观点，古话说，"重复乃学习之母"。

现在有很多学生经常因为电视、因特网、电子游戏设备、手机和其他媒体上毫无价值的娱乐而从学习中分心。除了学习和娱乐之外，没什么有价值的东西以知识、技能或颖悟的形式来丰富和满足他们的心灵，而那样的东西能够帮助他们面对生活的挑战。本书旨在给予今日的年轻一代以指引和内在支撑，用崇高而启发人心的观点来填补他们内心的空虚，这些观点能够提升他们的心灵，使他们获得更大的满足。

我们感谢印孚瑟斯技术前董事长和首席指导室利·拿拉央那·默提于百忙之中抽空为本书写了一个出色的序言，让本书增色不少。

我们真诚地相信本书将唤醒、提升和丰富广大学生与青年的心灵，帮助他们面对生活的挑战。

斯瓦米·穆克提达南达（Swami Muktidananda）
罗摩克里希那传道会秘书长
2016年12月18日于孟买

第一章
今日之青年

年轻的印度

现代印度主要是个由年轻人组成的国家。根据最新的统计资料，超过65%的印度人不到35岁，50%的印度人不到25岁。估计到2020年，印度公民的平均年龄为29岁，而在日本和中国，相应的数字分别为48岁和37岁。印度的这种年轻状况在本国随处可见，无论走到哪里，你遇见的大多数人——医生、工程师、科学家、商人、管理人员、教师、官员、销售员——是年轻人。同样值得注意的是女性对公共生活所有部门的大规模参与——成为企业高管、企业家、行政人员、政治家，甚至成为警官、飞行员和军事指挥官。

在印度和其他国家的各个地方，青年正在成为进步先锋。在各个地方，青年都被号召去承担更大的发展责任，促进新的工业、新的教育和医疗机构、新的研究路线、新的交流模式、新形式的公共福利基础建设的发展,促进人类进步。无数的选择、无数的工作、无数的机会向现代青年敞开,让他们获得卓越、成功和满足。对于聪明又有进取心的青年男女,前途海阔天空。

现代生活

现代世界的人类生活正在变得越来越紧密相连,越来越复杂,并且正在迅速地转变。经济全球化,信息与通信技术的进步,工商业机构的快速增加,竞争的激烈,消费主义,运动和娱乐的商业化,都市化以及其他各种因素已经让人类生活更加紧密相连、更加复杂、更加快速。生活变化如此之快,以致每一个人都不得不匆匆赶路,这导致了精神的压力、休息的欠缺和家庭生活的不美满。陷入不断变化的社会生活之网的,主要是青年。

准备工作

为了应对这种复杂形势,面对生活问题,克服生活中的困难,青年人需要做适当的准备。这种准备包含三个过程:(1)知识;(2)训练;(3)改变生活观念。

1.知识

为了应对复杂的生活状况,我们需要两种知识:客观知识和主观知识。客观知识指的是关于外部世界(物理世界和社会世界)的知识。关于外部世界的知识正在迅速变化,事实上,正在发生"知识爆炸"。结果是,医生、技术人员、教师以及其他职业的从业者必须不断更新自己的知识,否则,他们就无法有效地履行职责。

然而,仅有客观知识是不够的。为了应对现代生活的复杂问题,我们还需要具备主观知识。主观知识有两种:

第一,下层的自我知识(self-knowledge),指的是有关心意运作的知识,包括:(1)念头如何生起;(2)欲望和冲动如何生起;(3)我们如何被自己的念头驱动;(4)如何控制我们的念头;(5)意志力如何运作,等等。

有关这些心理过程的知识能够让我们过上纯净的生活,并在工作上利用我们的精神能量去获得成功。

第二,上层的真我知识(Self-knowledge),指的是有关我们的真实本性的知识。我们的真实本性既非身体,也非心意,而是阿特曼(Atman)。阿特曼是内部之光,正是凭借这种内部之光,我们得以认识万物。阿特曼是被称为"神"的至上真我或至上阿特曼的一部分,这意味着我们的真实本性是神圣的。所以,斯瓦米·维韦卡南达(Swami Vivekananda)说,我们向外寻求的一切知识、欢乐、力量、爱和荣耀都是阿特曼所固有的。然而,由于无知,我们没有认识到这个事实。因而,斯瓦米吉[①]说:"每一个灵魂都具有潜在的神性。"觉悟我们的真实本性就是上层的真我知识之用意。

---

① 指斯瓦米·维韦卡南达。——译者注

如何获得这种上层的真我知识？有几种特殊的方法，这些方法被称为瑜伽。瑜伽主要有四种，斯瓦米·维韦卡南达就这四种瑜伽写过四本书。

生活中的许多问题是由对真实本性的无知所导致的。真我知识不是某种我们可以从外部获取的东西，它已经在我们内部，我们只需揭开或展开它。

2.训练

现代青年不得不进行的第二项准备工作是适当的训练。训练也有两种：（1）获取技术；（2）训练心意。

现代技术发展如此之快，以至青年人必须不断学习新技术。计算机操作方面的训练必须从童年早期就开始。

同样重要的是心意的训练。花费更多的时间去读或看计算机程序是不够的，有必要增强理解力，即领悟精微真理的能力、归纳和得出正确结论的能力。这种内在能力主要通过心意的净化和专注来增强。

净化心意意味着清除心意中的本能驱力和动物冲动，比如淫欲、愤怒、贪婪等，它们扰乱和削弱心意。心意的散乱和不安导致精神能量不必要的损耗。心意的专注帮助我们保存精神能量；不仅如此，专注的心意就像激光束，能够获得新的力量，并让新的知识从心意深处显现。正是凭借专注的心意，瑜伽士和神秘主义者获得超意识的知识。在不同的灵性传统中，有一些专注的技巧，比如静定（dhyana）、内观（vipassana）、禅修等。斯瓦米·维韦卡南达在精神训练方面为我们提供了广泛的指导。

3.改变生活观念

单单获取知识和训练不足以应对现代世界的诸多问题,在生活观念方面,也应该发生一种基本的转变。在现代世界里,来自不同的社会等级、宗教和民族的人不得不一起工作,同样,男人和女人也不得不一起工作。在这样的形势下,旧的种姓观念、宗教和种族歧视、好色和自私没有立足之地。生活观念的改变包括两个方面:(1)道德;(2)灵性。

什么是道德? 对道德的通俗理解是,遵守国家法律、社会习俗和宗教行为规范。斯瓦米·维韦卡南达给出了一个更加普适的道德概念:"关于道德,我们能够给出的定义是:自私的就是不道德的,不自私的就是道德的。"一个自私的人是不道德的,因为此人将他人视为达成自己的目标和享乐的工具。一个不自私的人将他人视为他人本身的目的,并为了他人的福祉和快乐而奋斗,因此,他是真正道德的。

生活观念或态度方面需要的第二个改变是灵性上的改变。灵性观念是把人的真实本性视为灵,而非身体或心意,并在所有人身上看见至上大灵(Supreme Spirit)。灵性观念也表明,除了在世间取得成功,人的生活还有一个更高的目标,即获得至上的知识、爱与平静。如果说道德观念让人不自私,那么灵性观念带来对所有人的爱。

恶的问题

每一个青年人在生活中迟早不得不面对的重大问题之一

就是恶的问题。恶有两种,一种是粗糙形式的社会之恶,比如犯罪(盗窃、抢劫)、暴力(种族骚乱、纵火)、恐怖主义、袭击妇女儿童、邪恶、腐败、穷困,以及其他形式的残忍。这些社会之恶只能通过政府实施的大范围的防治措施来制止。全世界的政府都在努力解决社会之恶的问题。

除了通常由不正常的人所造成的这些粗糙形式的恶,还有另一种恶,我们可在日常生活中遇到,包括家庭成员或朋友之间的争吵与误解、疾病、事故、所爱之人离世、经济困扰、朋友背叛、羞辱等。此外,还有"生存论的问题",比如孤独、无意义、罪感等,它们没有任何特定的外部原因,而是由灵魂与其灵性基础的疏离所导致的。

个人生活中的这些恶的问题只有一个灵性解决办法。正是在应对恶的问题的过程中,对灵性观点的需求和灵性生活的重要性突显出来。我们也许无法解决所有的问题,但灵性生活让我们能够超越这些问题,不受它们影响。所以,青年人比老年人更需要灵性生活。事实上,灵性生活只有从早年开始(最迟到20岁,如果不是更早的话)才会变得有效。正如史诗《摩诃婆罗多》所言,"青年应该是正直的"(yuvaiva sadhu shilahsyat)。

五大全球趋势

如果我们从更深的世界思想层面来看恶的问题,那么我们可以看到五大趋势,它们驱动着全世界有识之士的心意。(1)科学与技术在人类生活所有领域的支配地位;(2)经济全球化；（3）一种新的人文主义；（4）知识社会；（5）灵性革命。

第一大趋势是科学与技术在人类生活所有领域的支配地位。电子革命已经导致各种电子产品的使用，比如收音机、录音机、电视、手机等，甚至在城市的贫民窟和农村家庭，也能看到这种现象。在几个世纪里，科学与技术或多或少独立地发展，但现在，二者已经变得紧密相连、彼此依赖。当前的年轻一代是这个科学技术整体的开发者，这个整体包括信息与通信技术、纳米技术、生物技术、空间旅行等。

第二大趋势是经济全球化。这一趋势是由若干因素引发的，比如苏联的解体，市场的成功，全球变暖及其他生态问题，对全世界互相依赖的深刻体认，世界贸易协定的签署，以及经济政策的更加开放。

经济全球化有其短处，比如，最近美国的金融危机（由"市场消退"和银行系统崩溃引起）影响了世界上大多数国家的金融健康状况。然而，这让发展中国家，比如中国和印度，跻身经济超级大国的行列。在印度，金融自由化和网络技术的普及带来了工商企业的冬天和许多年轻企业家的春天。

第三大趋势是一种新的人文主义，它基于对社会边缘人士之权利的意识。直到晚近，人文主义还是一种人生观，它重视人文关怀，而非哲学关切，它基于对弱势群体的同情或怜悯态度。但目前正在流行的新人文主义认为，社会边缘人士和残障人士有权获得与特权阶层同等的待遇，特权阶层有责任确保弱势群体的权利和尊严。

第四大趋势是知识社会，第五大趋势是灵性革命。我们接下来对知识社会进行详细讨论。

知识社会

人类文明史表明，人类经历了三场社会经济革命：（1）史前时期的农业革命，产生了农业社会；（2）18世纪的工业革命，产生了工业社会；（3）在20世纪的最后十年里，开始了知识革命，正在产生"知识社会"。

印度在工业方面的表现一直不算好，我们错过了工业革命。但印度正在积极地参与知识革命，目前，我们正在进入知识经济和知识社会。

在古典经济学中，以下四个要素被认为是经济发展的原因：土地、劳动、资本和创业精神。在农业社会，经济依赖土地和劳动。在工业社会，资本和创业精神是经济增长的关键要素。在知识社会，知识是经济发展的关键要素。

考虑到知识在知识经济与知识社会中所起的重要作用，知识如今被视为知识资本。

知识资本的概念产生于20世纪60年代，当时，美国经济学家爱德华·丹尼森（Edward Denison）试图测量美国经济增长中各要素的贡献。他发现，常规要素——劳动、资本和技术只占经济增长的60%，剩下的40%是未知的。后来，美国经济学家罗伯特·索洛（Robert Solow）、詹姆士·托宾（James Tobin）等人指出，这40%来自人力资本（human capital）。人力资本的概念被西奥多·舒尔茨（Theodore Schulze）扩展到了发展中国家。在21世纪的今天，我们正从

第一章　今日之青年

人力资本过渡到知识资本。

话题回到印度，众所周知，直到12世纪，印度还是当时世界上最富有的国家，制造全球三分之一的GDP。然而，自从她屈服于11世纪的外来侵略之后，她的经济开始衰退，到1500年，她的全球GDP份额只占25%。中国超过了她，西欧所占的份额开始扩大。1700年之后，随着英国占领印度，印度变成了世界上最贫穷的国家之一。欧洲和美国开始主导世界经济。到了20世纪的最后十年，随着知识革命的开始，印度的财富才开始引人注目地增长。中国已经成为一个经济强国，现在，印度准备成为世界经济第三强，但她在世界GDP中所占的份额只有2%。

在知识社会，知识成为经济增长和社会转变的主要动力。随着经济的增长，社会必然要发生相应的转变，才能促进经济增长。因而，社会转变和经济增长相互依赖，二者都由知识所驱动。这里的"知识"不仅指科学、技术、语言、社交知识和其他类型的客观知识，而且指主观知识或自我知识。自我知识对于理解以下内容是必要的：人类生活的终极目标，我们在生活中寻求什么，我们与生俱来的能力和缺点。自我知识对于建立恰当的人际关系、面对生活中的挑战和问题、让我们的生活有目的和有意义也是必要的。为了保持经济增长和社会转变，主观知识或自我知识与客观知识一样重要。

社会转变和经济增长的知识是如何产生的？是通过教育。教育是产生新知识、保存知识和将知识分配给所有人的社会机器。

现代印度在教育上的缺点

在古代印度，知识——客观知识和主观知识——的获取被认为是生活的最高目标。知识被认为是神圣的，因而，针对学（Svadhyaya）与教（Pravachana）的教育被认为是神圣的职责、最高的天职。结果，印度成了知识与财富的最大宝库。然而，在中世纪，印度精神陷入了沉睡，我们失去了一切——知识、自由、财富。直到19世纪中期，印度精神才开始觉醒。首先是灵性觉醒，在此过程中，室利·罗摩克里希那（1836—1886）和斯瓦米·维韦卡南达（1863—1902）扮演了重要角色。随着灵性觉醒而来的，应该是智性觉醒，然而，实际上来的却是政治觉醒，并以恢复政治自由而告终。

独立之后，由于若干原因，印度的经济发展步伐十分缓慢。我们犯下的最大错误是忽视基础建设——教育、健康、交通和通信设施。中国对这些十分重视，结果，中国在经济发展方面飞速超越了印度。印度真正缺乏的是智性觉醒。随着20世纪最后十年的知识革命，一场集体智性觉醒才开始在印度发生。

如果没有智性觉醒，教育就不会有效。既然印度这个民族正在缓慢地觉醒，教育就极为重要。然而，这种觉醒来得很迟，而且由于缺乏强烈的政治意志，这种觉醒尚且有待扩展到整个国家。因而，现在印度仍有3亿多人没有读写能力，这意味着，世界上一半的文盲在印度。中文极其难学，然而，中国有94%的成年人拥有读写能力。在印度，读写能力的平均率只有68%（女性读写能力的比率只有48%）。印度人接受学校教育的平均年数只有4.4年,而中国人是7.5年。据说,印度有超过7万所小学没有校舍,60%的学校只有一两名教师,58%的学校没有安全的饮水,85%的学校没有厕所。另外,50%的入学儿童在五年级以前辍学,剩下的儿童中,有30%在十年级以前辍学。

教育对健康有影响。在印度,婴儿死亡率是50%,而在中国只有17%。[1]在印度,5岁以下儿童的死亡率是66%,而在中国是19%。根据基于PPP(购买力平价)的2010年坦度尔卡委员会报告(Tendulkar Commission Report),贫困线以下的人(BPL)占印度总人数的37%。被描述为"饥饿"或穷困的人数似乎已经从15%下降到2%。然而,真正的问题在于营养不良,有一半的儿童和一半的女性营养不良,47%的3岁以下儿童体重不达标。

在工作领域,我们发现,印度的总劳动力大概只有10%在有组织的部门,剩下的90%由自由劳动者组成,其中大多数从事农业活动。根据印度政府的报告,在20—24岁年龄段的劳动力中,只有5%受过正式职业训练,而在墨西哥和韩国,相应的百分比是28%和96%。

除了这些令人沮丧的统计资料,让人担忧的是印度的教育质量低。印度不同地区有许多杰出的教育机构,主要集中在大城市,它们的教育质量高。然而,其他绝大多数机构的教育质量确实相当低。为了弥补这种不足,无数私教和大量辅导

---

[1] 据公开资料显示,2016年中国婴儿死亡率为7.5‰,2015年5岁以下儿童死亡率为10.7‰。——译者注

机构得以存在，它们目前形成一股庞大的教育潮流，与正规学校教育平起平坐。但是，这没有解决教育质量的问题。

"质量"指的是学生对所学学科基本知识的理解程度，以及协调和概括不同的思想，并把它们纳入一个有意义的模式的能力。如果我们把这个"质量"标准应用于今天学生在印度接受的那种教育，结果会非常令人失望。许多研究英国文学的毕业生无法说或写良好的英语。大多数学习梵文的人既不能说梵文，也不能写梵文。而真正的失败在科学学科，尽管印度学习科学的学生人数排在世界第三，但其中大多数学生，尤其是那些以方言学习科学学科的学生，对自己所学的学科没有清晰的理解，也没有发展出科学的态度、思想方式或知识组织能力。没有一所印度大学进入世界150所一流大学的行列。

印度当前教育系统的一个更加严重的缺点，是对教育的真正目的及其与个人生活的关系缺乏理解。除了少数头脑清醒的学生，印度大多数学生接受教育的唯一目标就是通过考试，以便找到好工作。在社会新秩序——知识社会中，应当改变的，正是这种对教育的功利态度。在工程学、医学、商业或艺术领域获得学士、硕士或博士学位没什么错，但那不应该是教育的唯一目标。教育还应该让一个人发展出坚强的品格，服务精神，对知识的爱，与万物和谐相处的能力，以及追求更高灵性目标的能力。

第一章 今日之青年

斯瓦米·维韦卡南达眼中的印度观

斯瓦米·维韦卡南达于1893年远赴西方之前，花了将近五年时间周游印度。在云游期间，斯瓦米吉有两个重要发现。

第一，印度古老而辉煌的灵性文化在人们的生活中依然是股鲜活的力量。

第二个发现对他影响深刻，那就是印度穷苦民众彻底落后而可怜的状况。他深入思考造成这种状况的原因，以及提升民众的方法。

斯瓦米吉明白，民众贫穷落后的主要原因是上层阶级和高级种姓对他们的无视，以及他们和教育的绝缘。斯瓦米吉也明白，对民众的忽视是印度没落的主要原因之一。这是一个重要的发现，因为在那个年代，社会改革者忙于寡妇再婚、废除偶像崇拜之类与上层阶级有关的事情，没有人操心穷苦民众。斯瓦米·维韦卡南达是第一个为贫穷的、受压迫的印度民众说话的印度领袖。

斯瓦米吉说：

我认为，对民众的忽视乃是最大的民族之罪，是我们没落的原因之一。（C. W. 5.222）

他还说：

我们的贵族祖先一直把我们国家的普通民众踩在脚下，

直到他们变得无能为力,直到在这种折磨之下,穷人几乎忘了自己是人。(C. W. 3.192)

印度衰败的主要原因一直是:一小撮人凭借傲慢之力和皇权垄断了这片土地上的整个教育和智性。(C. W. 4.482)

世界社会经济状况掠影

在斯瓦米·维韦卡南达做出上述陈述的50年前,卡尔·马克思(Karl Marx)在欧洲观察到类似的状况:穷人不得不在工厂里长时间埋头苦干;衣不蔽体、营养不良的儿童被工厂雇用,常被铁链锁住,以防逃走(在美国,非洲奴隶被雇用为农场劳动力)。马克思主张把革命作为加速社会转变的方法,他说的革命指的是民众起义,反对一切形式的剥削,用暴力手段夺取政权。后来,俄国的列宁将马克思的暴力革命思想付诸实践。

斯瓦米·维韦卡南达提出知识的力量措施

斯瓦米·维韦卡南达认为,一切社会转变都应该通过教育来引发。他说:

教育,教育,唯独教育!走过许多欧洲城市,看到那些地方甚至连穷人也享有舒适和教育,我的心中便想起了自己的同胞之状况,不由得潸然泪下。是什么造成了这种差别?

我得出的答案是教育。教育带来自我信仰……（C. W. 4.483）

知识的力量

这里值得注意的是，100多年前，斯瓦米吉就已经懂得观念——客观知识和主观知识——对于转变个人生活和集体生活的力量。客观知识，比如用农业改良法增加食物产量的知识，用牛奶业改良法增加牛奶产量的知识，手工艺训练和乡村工业等，对于改善穷人的经济条件是必要的。斯瓦米吉说：

首先，你必须消除他们的饥饿之害，也就是持续的生存焦虑，然后再去向他们宣扬宗教。（C. W. 5.379）

斯瓦米·维韦卡南达认为，除了客观知识，还应该给予穷人主观知识，也就是自我知识或关于真我的知识，以便唤起他们的自信和自立。如果没有主观知识，那么人的生活就被他的自我形象、他对自身的态度、他对自身的想法所左右。穷人贫穷不仅是因为环境把他变穷，而且是因为他认为自己无力、无用、无望、无法战胜贫穷、无法在生活中有更大的作为。如果是这样，那么我们自然而然可以得出，通过改变他可怜的自我形象，改变他对自身的卑微观念，灌输给他自信、自立的精神、勇气和力量，甚至连穷人也能更加努力，朝着正确的方向奋斗，战胜贫穷，达到繁荣。斯瓦米吉说：

针对我们的下层阶级,唯一的服务是给予他们教育,发展他们丧失的个体性……我们要给予他们观念,要让他们睁开双眼看看周围的世界,然后,他们将会设法拯救自己。(C. W. 4.362)

斯瓦米吉的计划

斯瓦米·维韦卡南达的原初计划是开展一场全国范围的民众教育运动。他说:

无数男男女女被神圣的热情所激发,坚定对主的永恒信念,出于对穷人、被打倒者、被践踏者的同情而鼓起狮子般的勇气,他们将走遍这片土地,宣扬援助的福音、社会提升的福音、平等的福音。(C. W. 5.15)

由于英国对印度的统治,斯瓦米吉没能实施他的全国民众觉醒计划。

但他没有放弃如下计划:在民众中间以崇高观念的形式传播客观知识和主观知识。他说:

我的整个人生抱负是发动一架机器,它将把崇高的观念带到每一个人的家门口,然后让人们安顿自己的命运。(C. W. 5.29)

正是为了部分地实现他的计划,他于1897年建立了罗摩克里希那传道会(Ramakrishna Mission)。从那以后,罗摩克里希那传道会及其平行的修道院机构——称为罗摩克里希那修道会(Ramakrishna Math),在印度共有143个分部(在国外有47个分部)——一直在从事各种类型的社会服务,主要的关注点是提升穷人。

为什么印度是个矛盾的国家

独立之后,印度发展计划的主要问题在于:不优先考虑改善穷苦民众的社会经济状况,更不理解教育在这一任务中起到的重要作用。1949年,印度政府任命了一个高级教育委员会,并实施它的建议。然而,小学没有被给予优先权。1966年,国家教育委员会建议考虑初级教育,但那些建议没有得到实施。2001年,称为"Sarva Siksha Abhiyan"的总体扫盲工程开始实施。2009年,儿童免费义务教育权利法案获得通过,现在已经成为法律。然而,全世界一半的文盲在印度。根据世界银行和UNDP(联合国开发计划署)的报告,到2020年,印度可能无法完成百分之百扫盲的目标。事实上,仅仅成立委员会和通过法案是不够的,扫盲运动和教育计划必须有坚定的"政治意志"和人民的集体参与。普通人的思想必须被唤醒,以便了解教育的益处。

印度自独立之后,一直对政治解决方案过度关注。关于这一点,最好记住斯瓦米·维韦卡南达发出的警告:

> 直到印度民众再度得到良好的教育、良好的饮食和良好

的照顾，政治才有效用可言。（C. W. 5.222）

其次，我们一直优先建设水坝、核电站、工厂、医院、大学等。毫无疑问，这些发展项目在不同的部门产生了引人注目的效果，比如在农业、纺织、出口、软件行业、业务外包、高等教育、医疗设备、通信、空间技术等部门。然而，这些发展仅仅有益于印度社会的中产阶级或上层阶级。经济增长的益处应该惠及社会底层，至少是以初级教育、初级保健事业、良好的交通和市场设施的形式得以实现。非正规教育和职业训练，包括计算机训练的机会，应该遍及偏远的农村。首要的是，营养失调之患必须从印度社会完全消除。

从上述讨论可见，在接下来的二三十年里，印度很可能仍然是一片充满矛盾的土地——文盲和世界第三大接受过科学教育的人数共存，贫穷和繁荣共存，营养不良和营养过剩共存，邪恶和道德共存，种姓歧视和人人在灵性上同一的信条共存，等等。

印度的中产阶级与知识社会

矛盾的存在并不能使我们以任何方式低估印度在独立之后所取得的令人瞩目的成就。毫无疑问，印度在国家经济的若干方面已经取得了巨大的成功。印度如今是世界第四大经济体①，而且是发展最快的经济体。矛盾的存在也不能阻止印度取得进一步的发展。尽管印度肩负着解决社会下层阶级贫穷、文盲、营养失调等重担，但印度在所有方面正在快速地前进。

在现代印度取得的这些成就当中，最重要的成就是创造了全世界最庞大的中产阶级，根据人口统计资料，印度的中产阶级人数相当于美国的总人数。这有若干益处。首先，正是中产阶级保证了议会民主的持续。的确，现代印度取得的成就，尤其是教育领域的成就，主要的受益者是中产阶级，使得他们成为教师、科学家、医生、工程师、软件专家、护士、职员、高级业务处理专员，以及其他种类的"知识工作者"。事实上，印度经济的新近增长更多的在服务部门，而非其他部门。

中产阶级还向其他国家输出服务。现在人们认识到，人口的增长并不像以前所认为的那样，是个巨大的不利条件。通过向年轻人传授知识和技术，我们可以把我们的人口负债转变成人口资产。目前，印度有54%的人口年龄不到25岁，而在欧洲和日本，相应的比例则要小得多。据估计，到2020年，全球劳动力短缺将达到5650万，而印度将拥有4700万剩余劳动力。这意味着印度有可能成为其他国家技术青年的一个重要供应国。然而，根据国家技能发展公司（NSDC）的看法，在2008年至2022年间，印度本国将需要2.44亿的技术工人。

---

① 根据国际货币基金组织（IMF）2019年排名，印度以29355.7亿美元居第五位，较2018年提升两位。——译者注

真正的问题在于向我们的年轻人传授不同种类的技术。目前，每年大约有500万年轻人接受技术培训，而有800万人进入劳动力行列。再者，在印度，雇主并不总是坚持要求工人持有证书或文凭，而在西方国家，如果没有证书或文凭，就找不到工作。另一个问题在于，印度的年轻人更喜欢学位，而非职业技能。

最重要的是，不间断的信息与通信技术革命，其他领域的革新，企业管理方面的成功和其他成就全都是中产阶级和上层阶级所做出的。上述讨论意在表明，在印度走向繁荣的过程中，中产阶级已经起到并且能够起到多么重要的作用。

显而易见，我们之前讨论的知识社会在印度主要针对的是中产阶级和上层阶级。大范围的贫穷、文盲、营养失调、腐败和其他短板的存在并不意味着知识社会对于印度而言是个乌托邦的理想，事实上，知识社会已经拉开序幕。中产阶级和上层阶级是知识经济和知识社会中的主要利益相关者。知识社会正越来越为印度各大重要城市的社会上层所接受。

知识社会的教育

教育作为知识力量的创造者和维系者，是知识经济和知识社会运作的基础。不同于以前的社会，在知识社会，教育有两个独有的特征：终生教育，以及教育人"做人"（education "to be"）。联合国教科文组织在1972年任命了一个委员会，主席为埃德加·福尔（Edgar Faure），在1993年任命了另一个委员会，主席为雅各·德洛尔（Jacques

Delors），为的是研究教育在今日世界的目的与功能。在福尔领导的委员会和德洛尔领导的委员会提交的报告中，有两个共同点独树一帜，它们是：终生学习（Life-long learning）和学会做人（Learning to be）。在此，我们主要关注后者。

学会做人

有两个衡量成功的标准为人们广泛接受。第一个标准是看一个人拥有多少，即多少金钱、汽车、房子，甚或知识。第二个标准是一个人适应社会习俗和像"正常人"那样表现的能力，即牺牲自己的独立思考能力和别的能力，服从其他人的意见和方式。直至晚近，教育的目标依然是帮助人们获得上述两种意义上的成功。

然而，成功是个永无止境的目标。此外，经验表明，许多所谓的成功人士人格扭曲或过着痛苦的生活。正如爱因斯坦所言，判断成功的标准，不应该是一个人从生活中得到了什么，而应该是一个人给予了生活什么。

比起一千个缺乏创造性和想象力，用自己的全部能量去适应他人心血来潮的念头或没有意义的社会习俗的人，一个能够进行原创性思考和创新、富有远见的人可以通过创造性的工作、发现或发明，为社会带来更大的益处。因此，教育应该以培养创造性人才和原创思想家为目标，这样的人是丰富的资源，能够更多地为社会做贡献，而非从社会索取。这种理解是发展学会做人这一观念的基础。

学会做人观念的另一个基础是，由于人类生活的复杂性和多样性，以及今日世界社会经济快速变化，人类生活的中心已经变成了个人，而非家庭或社会。家庭、种姓和共同体的身份正在消失。许多人除了作为个人，没有别的身份。再者，人们越来越意识到，个人的创造力、能力和天资实际上属于社会，事实上，它们构成人类最宝贵的资产。所以，我们应该付出一切努力来保护和鼓励个人自由、个人创造力和天资。

近年来，对学会做人观念的支持来自一种新的教育理论，称为建构主义（constructivism）。该理论认为，每一个人基于自身经验建构自己对周围世界的理解。每一个人都生活在自己的世界里，拥有自己的参照系。当他获得新的知识，他会依据自己的参照系来解读这种知识。根据这一观点，教育是个让学生认识自己的过程。

无论是什么状况让学会做人观念发展成了教育的主要目标之一，全世界的教育学家对这一观念的接受是今日世界的一个重要趋势，并对青年具有重要的意义。所以，我们在接下来的部分进一步讨论这一点。

学会做人是人的全面发展

我们可以把"学会做人"视为"人的全面发展"，这意味着人的身体、精神、道德与灵性维度的发展。在人的身体维度的发展中，主要的关切在于保持良好的健康。人的精神维度的发展意味着所有精神官能的发展。人的精神有三大官能——认知、情感、意志，精神发展应该包括这三大官能的全面发展。

1. 认知官能的发展

认知如今是最重要的研究课题之一，已经催生了一个新的科学分支，称为认知科学。在教育领域，对认知的研究已经催生了新的学习理论。

在通常的工业或商业社会里，教育以学会认识、学会去做、学会共同生活为中心，就是说，教育的目标在于获取知识、技能与价值观念。但在知识社会里，教育是个终生过程，以学会做人为中心。这是什么意思呢？

根据福尔领导的委员会于1972年提交的报告，学会做人意味着这样的教育：让每一个人都能"解决自己的问题，做出自己的决定，承担自己的责任"。为了解释这一点，德洛尔领导的委员会于1996年提交的报告中说：在21世纪——

那时的问题将不再是让孩子准备好适应一个既定的社会，该社会持续不断地为每一个人提供理解周围世界以及正当地、有责任地行动所需的力量和智性参照。比起以往任何时候，教育的基本角色似乎更多的是给予人思考、判断、感受和想象的自由，以便发展他们的天资，并让他们尽可能掌控自己的生活……在一个无常的世界里，社会和经济革新似乎是主要的驱动力之一，毫无疑问，我们应该把独特的位置留给想象力和创造力这两项特质，留给人类自由最明晰的展现……21世纪需要种种天才与人格，还需要卓越的个人，他

们也是任何文明不可或缺的……[①]

作为上述讨论的总结，德洛尔委员会的报告陈述道："教育首先是一场内心之旅，它的不同阶段对应人格不断成熟的那些阶段。"

近年来，在教育思想中发生了一种范式转换。新视角的主要观点如下：

第一，认识能力是人与生俱来的；

第二，知识与生活不可分离，生活问题可以通过适当的知识来解决；

第三，知识如今已经成为多学科的知识，每一个人都不得不学习不同类型的知识与技能；

第四，生活带来不同的复杂境况，为了应对这些境况，一个人不得不发展出新的解决办法，为此，他必须发展创造力，也就是创新；

第五，最重要的是做出正确的决定，为此，一个人必须拥有内在的自由与自治。

简而言之，自我能力（self-empowerment）就是"学会做人"的含义。在新近的教育思想中，自我能力被视为教育的目标。有段时间，"价值观念教育"得到了很大程度的重视，尤其是在印度，而如今，重点转移到了自我能力上。

这里出现了一个问题：在这个教育计划中，教师的角色是什么？教师以前被认为是知识的"提供者"，但在知识社

[①] *Learning the Treasure Within*, Jaeques Delors et al, p.94–95.

会里,教师主要是充当"赋予能力者"。教师是让学生能够自学的人。认识能力是学生与生俱来的,教师只需唤醒学生内在的能力,并引导他们发展。

斯瓦米·维韦卡南达的学习观与上述观点惊人地相似。根据斯瓦米吉的观点,认识、理解的能力是人们与生俱来的一种能力。所有知识都在内部,只是被无知的面纱遮蔽了。当面纱被移除,知识就会闪耀。书本和教师提供移除面纱的"输入程序"。他对教育的定义——"教育是人本具的圆满之显现"概括了他的教育观。

斯瓦米吉关于学习的一些陈述散见于《斯瓦米·维韦卡南达全集》当中:

知识内在于人,没有知识来自外部,知识全都在内部。套用严格的心理学语言,我们所说的"知道"应该是"发现"或"揭露"……通过去除灵魂的遮蔽,灵魂乃是无限的知识宝库。我们说牛顿发现了万有引力,是不是万有引力坐在哪个角落里等着牛顿去发现呢?万有引力就在牛顿自己的心中……苹果落地为牛顿提供了暗示,于是,他研究了自己的心意。他重新整理了心意中先前所有的思想关联,并发现了其中的一种新的关联,我们称之为引力定律。可见,所有的知识,无论是世俗知识还是灵性知识,就在人的心意之中。在很多情况下,知识没有被发现,而是处于遮蔽状态,当遮蔽被慢慢除去,我们就说"我们正在学习"。(C. W. 1.28)

你所能教给孩子的,莫过于你种一棵植物。(C. W.

5.410）

你可以为正在发芽的种子提供发芽和出土所需的东西，以及水和空气……它会根据自己的天性获取它所需要的全部。它会根据自己的天性吸收和成长。（C. W. 3.247）

教育孩子便是如此。孩子自我教育。（C. W. 455）

2. 情感的发展

我们上面讨论的学习过程涉及认知官能，而为了人的全面发展，有必要发展其他两种官能——情感和意志。这两种官能主要涉及道德生活和灵性生活。首先，我们来讨论有关情感的最新观点。

以前，心理学家把情感视为影响个人生活和社会生活中大部分问题的因素。近年来，人们开始认识到，只有坏的情感才需要消除，而好的情感——比如爱、同情、对美和音乐的艺术欣赏等，可以丰富人的生活，升华人际关系，创造平衡的人格。最近，丹尼尔·戈尔曼（Daniel Goleman）和其他心理学家发展了"情商"（emotional intelligence）的概念。情商指的是理解情感，并创造性地利用情感来丰富和提升自己和他人生活的能力。正是在情感领域，"价值观"才得以运作。"价值观教育"指的是培养良好的情感和情操，比如爱、善良、诚实、服务态度等。换言之，"价值观教育"指的是培养强健的道德品质。

关于情感，真正的问题在于控制低级的或坏的情感，比如贪婪、愤怒、残忍、破坏倾向、恐惧等。青少年时期正是

第一章 今日之青年

这些负面情感增强的时期。尽管这些负面情感构成青年人的大问题,但我们无法在此详细讨论,因为这是个需要独立论述的重大主题。在此,我们仅仅提及一点。

我们前面谈到过好的情感和坏的情感的区别。大多数坏的情感是身体影响心意的结果。身体是动物本能——比如性冲动、愤怒、残忍、破坏性、恐惧等的活动中心。这些本能驱力导致荷尔蒙的产生,而荷尔蒙间接影响心意。青少年时期是这些本能驱力中的一些变得活跃的时期,而这可以在青少年的心意中制造深刻的扰乱和冲突,严重影响他们的学习和工作前景。青少年阶段需要劝告和引导,以便应对心意中生起的驱力和冲动。正直的年轻人的陪伴和智慧的引导者的引导,可以帮助青少年通过创造力以及正确的生活定位和现实定位来升华他们的本能驱力。

与本能驱力相连的低级情感要通过有用的社会渠道来控制,而高级情感要通过追求高级价值观念,比如真善美等来培养和升华。充满爱的家庭关系,与有德之士的交往,对音乐和绘画等艺术的追求,阅读或创作好书——这些是培养和升华高级情感的方法。通过培养好的情感,一个人得以拥有丹尼尔·戈尔曼所称的"情商"。情商可以作为学校和学院学习的高级阶段或研究生阶段的学习课程。

泰戈尔(Rabindranath Tagore)是印度最具开创性的教育学家之一,他十分注重把艺术追求纳入教育当中,以此作为培养、提炼和升华人类情感,发展审美意识的手段。

3. 意志的发展

我们前面谈到,"学会做人"意味着人的全面发展。培养不同类型的知识与技能,以及升华情感,能够丰富人的生活,使人参与各种有益的、建设性的社会活动。然而,人的表现之有效性依赖于他的自我能力,依赖于他适应和应对不同处境的能力,以及他面对艰难处境和冒险的能力。这一切意味着发展出一个强烈的意志,正是意志的力量展现为内在的力量或顽强的精神。

斯瓦米·维韦卡南达相当重视人内在的力量。这是因为,如果没有内在的力量,一个人就无法在生活中取得成功,无法发展与生俱来的能力,甚或无法行善。我们在下面给出斯瓦米吉关于内在力量的一些告诫。

> 要知道,所有的罪与恶可以一言以蔽之——软弱。软弱正是所有恶行的动力,软弱正是所有自私的源泉,软弱让人们表现得不切实际。
>
> 起来!要勇敢,要坚强。要亲自承担全部的责任,要知道你是自己命运的创造者。你需要的全部力量与救济就在你自身内部。所以,创造你自己的未来吧!
>
> 意志比任何东西都要坚强。在意志面前,一切必须低头……纯洁而坚强的意志是无所不能的。(C. W. 3.224)

第一章　今日之青年

自我能力是教育的目标

我们前面谈到，在知识社会里，"学会做人"很重要，它意味着"人的全面发展"，以自我能力为目标。自我能力指的是这样的人所享有的内心自由或自治：他们掌握了多种学科的知识与技能，拥有内在的灵活与能力去应对不同的生活境况。除了米塔尔家族（Mittals）、阿巴尼家族（Ambanis）、塔塔家族（Tatas）、伯拉家族（Birlas）以及其他著名的工业领袖，社会上还有许许多多拥有自我能力的人。看看一个地方行政官、一个高级警官、一个成功的企业行政主管、一个著名医师的生活，他们每天必须面对多少不同类型的状况！还有那些被马斯洛（Abraham Maslow）称为"自我实现"的人，比如伟大的作家、诗人、画家、科学家、神秘主义者，这些人也许不是世俗意义上的成功者，他们也许不能应对生活中不同的艰难处境，其中有些过着隐居生活，但他们是极富创造力的人，具有非凡的天资与能力，并对人类的进步或福祉做出了巨大贡献。他们也应被视为拥有自我能力之人。

研究印度的这些成功人士的生活，我们就能看到，他们中的大多数是通过个人的首创精神、努力工作和雄心壮志，并通过克服许多社会障碍——诸如资金来源缺乏、种姓歧视、同行嫉妒、腐败等——取得成功的，只有极少数得益于当前的教育体系。今天的教育学家和教育规划师中的流行思维是：发展一个新的教育体系，该体系基于对教育的意义和目标的全新理解，以及一种全新的教学观念，该体系鼓舞、支持和促进自我能力、创造力和自我实现。教育的目的应该是让学生开发自己内在的资源,内心变得自由,从而去应对不同的处境,创造新事物,更多地贡献社会,而非更多地从社会索取。这个自我能力教育的过程应当持续终生。

私我中心的自我能力

上述讨论的自我能力是私我中心(ego-centred)的自我能力,社会上有许许多多拥有这种自我能力的人。企业、行政部门、医院、研究所、政党等取得的许多成功就是拥有自我能力之人努力的结果。

然而,私我中心的自我能力有一些短处。成功就像醉人的酒,可使人变得自我本位。经由竞争取得的成功常常导致诸多精神压力与紧张,可导致身心疾病。再者,世俗的成功不会带来持久的满足,事实上,财富与成功常常制造空虚,或者无意义感、厌倦、焦虑、沮丧和其他所谓的生存论问题。

私我中心的焦虑全都出自同一个原因:自我异化。我们的真实本性,也就是我们的真我,既非身体也非心意,而是灵。我们所知的自我是假我或低级自我,由这一假我或私我所做的工作使人疏离真我。这种内部的自我异化正是我们在生活中犯下的大部分错误的原因,也是我们为自己和他人制造的问题的原因。

第一章 今日之青年

真我或阿特曼

灵，也就是真我，到底是什么？灵或真我的真实本性仅为古印度的圣人们所发现，而在其他国家，灵——也称为灵魂——被等同于心意（mind）。关于人的真我，古印度的圣人们有如下发现：

第一，真我（被称为阿特曼）不同于心意和私我。

第二，阿特曼具有纯意识的本性，它是私我的觉知。它还具有纯喜乐的本性（根据斯瓦米·维韦卡南达的观点，阿特曼也具有力量的本性）。

第三，阿特曼是遍及一切的无限意识（称为至上阿特曼、梵或至上大灵，普通人称之为自在天或神）不可分割的部分，这意味着人的真实本性是神。

第四，然而，由于无明（称为摩耶或无知），大多数人没有意识到自己神圣的真实本性。

斯瓦米·维韦卡南达以一句意义深远的格言做了总结："每一个灵魂都具有潜在的神性。"斯瓦米吉的这一精练陈述有何现实意义？

谈到现实意义，我们应当注意，在印度，人们始终怀着某种既定的现实目的去追求哲学（不像在西方，哲学始终被视为一种理智追求）。在古印度，吠檀多哲学既适用于世俗生活，也适用于灵性生活。但在中世纪期间和之后，吠檀多哲学开始仅仅参与灵性生活和生活的终极目标——解脱（Mukti）。

在现代，正是斯瓦米·维韦卡南达向我们表明，吠檀多的原理如何能够用来解决世俗生活中的问题，甚至包括社会经济问题。斯瓦米吉称之为"实用吠檀多"（Practical Vedanta）。吠檀多的现实用处是什么？阿特曼的学说如何能被应用于现实生活？

斯瓦米·维韦卡南达阐释了阿特曼的学说如何能被应用于现实生活——不仅为受过教育的富人所用，而且为没有受过教育的渔夫、鞋匠和其他穷人所用。在斯瓦米吉所表明的吠檀多的若干现实用处中，我们在此仅仅选择两个现实用处以供讨论：灵性自我能力和圣化生活。

灵性自我能力

我们前面谈到，虽然私我中心的生活可以走向成功，但它常常制造别的问题，比如紧张、焦虑、竞争、挫折、酗酒、缺乏平静与满足等。斯瓦米·维韦卡南达表明，过上一种以阿特曼为中心的生活，我们就能避免这些问题，同时获得自我能力与成功。

这里产生了一个问题：既然阿特曼超越心意和感官，普通人如何才能过上以阿特曼为中心的生活？答案是：即便一个人对阿特曼没有任何直接经验，但如果他深刻地确信他的灵魂深处有着一个神圣的中心，该中心是无穷无尽的内在力量之源，也就足矣。这种深刻的确信为人们注入自信、力量和勇气去肩负沉重的责任，计算风险，面对生活问题。斯瓦米·维韦卡南达说：

要教会你自己,教会每一个人——真实本性是什么;要呼唤沉睡的灵魂,看着它如何醒来。当沉睡的灵魂醒来,并自觉地行动,力量会有,荣耀会有,善会有,纯净会有,一切卓越之物都会有。①

对内在的神圣中心——阿特曼——的信仰让人自尊、自制,过上一种有德而正直的生活,不屈服于虚伪、嫉妒、沮丧、邪恶、酗酒等,它们常与财富和世俗权力相连。在此,让我们回想英国著名诗人丁尼生(Alfred Tennyson)的话:

唯有自重、自知、自制,
人生方能走向至高之境。

对阿特曼或内在神圣中心的信仰也给予我们一种觉知——对一个脱离私我的寂静的内在空间的觉知,这让我们始终能够做出正确的决定,让我们在喧嚣嘈杂、匆忙不安的工作领域,甚至在难堪的处境中保持内在的平静与平衡。这就是灵性自我能力的含义。

圣化生活

虽然我们的真实本性是阿特曼,但我们并不知晓,因为阿特曼被无知或无明遮蔽了。然而,通过恰当的知识(从

---

① 《维韦卡南达全集》第三卷,第193页。

胜任的古鲁那里获得），心意的净化和内在的训练，诸如冥想、祈祷等，我们可以逐渐移除无明的面纱，由此，内在的神性，即内在的阿特曼之光，逐渐显现。结果，属人意识转变成了神圣意识。斯瓦米·维韦卡南达所称的"瑜伽"，正是内在神性的显现和属人意识的转变，这也是灵性生活的含义。

瑜伽或灵性生活并不局限于特定时间内的某些修习，比如仪式、冥想、祈祷等，而是整个生活的灵性化，就是逐渐把属人意识转变为神圣意识。通常的世俗生活是从动物生活提升到属人生活的斗争，在这一斗争中，人们常常失败，于是，他们表现得如同动物。灵性生活是从属人生活提升到神圣生活的斗争，方法是把属人意识转变为神圣意识。任何以阿特曼为中心的自觉活动都应被视为瑜伽或灵性生活，它净化心意，帮助我们显现我们的潜在神性，帮助我们把属人意识转变为神圣意识。在此意义上，教育——教和学——可以成为瑜伽，办公室或工厂的工作可以成为瑜伽，家务可以成为瑜伽，甚至连踢足球也可以成为瑜伽。每一项活动都可以成为一种灵性训练。对此，斯瓦米·维韦卡南达说：

实际上，我的理想可以简单地概括为：向人类宣扬他们的神性，宣扬如何让神性在生活的每一项活动中显现。（C. W. 7.501）

从这一整体的灵性视角来看，神圣与世俗的分别消失了。正如纳薇迪塔修女（Sister Nivedita）所言：

从今以后，神圣与世俗没有分别。劳动就是祈祷，征服就是弃绝，生活本身就是宗教，拥有和保持就如放弃和避开一样坚定不移。

把整个生活转变成不间断的瑜伽，圣化整个生活，这是斯瓦米·维韦卡南达描绘的灵性生活理想。学生、教师、医生、工程师、企业行政主管、舞蹈家、艺术家、家庭主妇——人人皆能实现这一理想。

灵性革命：灵性与宗教的分离

今日世界，灵性理想或灵性生活不再仅仅针对苦行者和遁世者，也不再仅仅针对非常虔诚的人或信神的人。灵性如今正被视为人格的一个不可或缺的维度，灵性生活如今正被视为一种正常的生活方式——为了所有人而活。

我们在此需要提及当前人们的灵性兴趣的另一个显著特征——灵性与宗教分离。在许多世纪里，灵性与宗教不可分离。但在现代，诸多因素已经侵蚀了人们对传统宗教的信仰，然而，人们对生活的终极目标和终极意义的追寻依然如故。人对终极意义、平静与满足的这种追寻导致了所谓的"世俗灵性"的发展，它独立于宗教传统。如今，人们正把它描述为"灵性革命"。来自各行各业的无数人定期修习冥想、坐禅、内观、瑜伽和其他灵性技巧。

过去，在全世界的不同地方，出现过几次灵性运动。然而，它们局限于某些宗教团体或共同体，而且彼此差异很大。相反，当前的灵性运动是全球范围内的运动，囊括了属于不同宗教传统、文化、种族、社会阶层、行业的人。它已经产生了全球灵性和一个全球灵性共同体。这种统一性是由若干因素引起的，其中最重要的因素是信息与通信技术的发展和因特网的创立。

在此背景下，我们可以说，这一全球灵性运动的起源可以追溯到室利·罗摩克里希那和斯瓦米·维韦卡南达。正是他们把灵性与宗教分离，并发展出全球灵性的主要学说。

当前，世俗灵性运动在西方更为流行。在印度，古老的宗教传统非常广泛，宗教被视为一种个人追求，没有多少制度性支持，所以，灵性与宗教的分离不是必要的。然而，既然印度宪法宣布这个国家是个世俗国家，那么宗教教育在教育机构中就是不允许的，因而，当前的世俗灵性运动——并不隶属于任何宗教教派——提供了一个培养学生和年轻人灵性价值观的机会。

直到晚近时代，科学与灵性一直是敌对的。但现在，科学与灵性的共同基础已被发现，那就是意识。意识现在是学术界最重要的研究课题之一。随着心理学家、神经科学家、哲学家，甚至量子物理学家参与有关意识的研究，意识已经变成跨学科的课题。

当前的全球灵性运动是一种全新的现象。它似乎代表着人类集体意识的初步觉醒。也许我们目前正在见证的是人类演化中的一个关键阶段。英国生物学家朱利安·赫胥黎（Julian Huxley）在50多年前曾说，达尔文的进化论适用于动物和植物，而在人类这里，进化则成了"心理-社会的"

（psycho-social）。斯瓦米·维韦卡南达认为，人类进化的下一阶段是灵性阶段。我们今天正处于新时代——灵性黄金时代——的黎明。

黄金时代在召唤当前的一代人。未来属于这一代的青年人。有意无意地，今天的青年人卷入了人类生活所有层面的一个大规模的转变过程，卷入了人类集体意识的一种整体转变。涉及这种整体转变，今日青年有两个需要：

第一，一个新的终身教育体系。

· 它基于"学会做人"。

· 它以人的潜能的整体发展为目标。

· 它以爱和服务的普遍纽带把人类联合起来。

· 它有助于把属人意识转变为神圣意识。

· 它给予当前的知识社会以灵性定位。

斯瓦米·维韦卡南达的启示为这样一个终身教育体系提供了基本指导方针。

第二，一位普世的导师，他同样充当着年轻人的普遍榜样。

斯瓦米·维韦卡南达的人格满足这个需要。

让青年人响应斯瓦米吉振奋人心的召唤：

"起来！醒来！直达目标！"

第二章
观念的力量

"世上没有什么强于正当其时的观念",19世纪法国著名作家维克多·雨果(Victor Hugo)的这一陈述之真实性屡屡被历史事件所证明。

我们很少考虑观念的力量。我们通常认为,在日常生活中,要根据内心的冲动去行动,或者根据对环境或需求的反应去行动。当我们取得成功,就把成功归因于我们的聪明才智。但如果我们仔细观察人们的生活,就可以看到,所有人都受到某些观念的指引,尽管他们可能没有意识到这一事实。学校的教师,工厂的工人,以及农民、警察、律师等各行业的每一个人都受到自身观念的指引。有的人,当他们失败或不得不面对生活中的困境时,就倾向于谴责他人给自己带来不幸,然而事实上,他们在生活中遵循的错误观念才是失败与陷于困境的真正原因。放弃错误的观念,遵循正确的观念、理想和原则,人人都能过上成功而快乐的生活。

对个人而言,正确的东西,对社会、文化和国家也是正确的。不同的人获得的不同程度的发展与安康,是由他们在集体生活中遵循的基本观念造就的。

"观念"指什么?

观念是语词的结合,表达或代表某种知识或经验。

取决于观念所代表的知识之性质,观念有两类:具体观念和抽象观念。

具体观念(concrete idea)指的是有关各种对象的知识。"这是我的房子","拉斯洛·比罗(Laszlo Biro)发明了圆珠笔"——这样的陈述就是具体观念。抽象观念(abstract idea)指的是不依赖于明确对象的抽象事实。"觉悟神是生活的目标","唯独真理而非谬误才能胜利"——这样的陈述是抽象观念。

所有的归纳,对生活目标的所有思索,用来解释宇宙中各种现象的所有理论和法则,包含在伦理和美学中的所有原则——这些全都通过抽象观念得以表达。主要是抽象观念激励着我们改变生活方式,追求更高的生活目标,从事自我牺牲与服务的崇高活动。

那么,观念如何改变我们的生活?观念如何衍生出力量?我们前面谈到,观念由语词构成,所以,"观念的力量"意味着"语词的力量"。"语词的力量"指的又是什么?语词的力量何在?

语词的力量

研究人类文化的起源,我们就能看到,原始人天生具有五种能力,这使他们远胜于动物。这五种能力是:

第一,熟练运用手指的技巧,这使他们能够使用工具,掌控物质;

第二,发现火和其他能量来源;

第三,使用语言,这使他们能够交流、储存和发展知识;

第四,道德感,这使社会的形成变得可能;

第五,灵性意识,这使他们能够思考被感官束缚的世界背后的实相。

在上述五种能力当中,我们在此仅关注语言的使用。原始人也许只能发出一些咕哝声、喊叫声。必定是经过了漫长的岁月,那些声音才被转变为语词;或许是经过了同样漫长的岁月,那些语词才被结合起来,发展成语言。

对语言的研究称为"语言学"。根据印度的语言学,语词有三种力量:语义的力量,唤起的力量,灵性的力量。

1. 语义的力量

语义的力量指的是语词传递知识的力量。当你听我说话,或当你阅读这篇文章时,所发生的是:我心意中的知识通过语词被传递到了你的心意中。语词是如何传递知识的?语词是声音符号。什么东西的声音符号?知识的声音符号。每一个语词都具有某种内在的知识,这种知识被称为语词的含义。比如,"奶牛"一词指一头四腿、身躯庞大、两角、产奶的动物,这便是该词的含义,其他语词也有自身的含义。

以不同的方式把语词结合起来,这产生各种观念。观念传达知识。这种传达知识的力量就是"观念的语义力量",在印度思想中被称为abhida shakti。人类文明的所有重要进展——发明轮子,造纸、印刷术、蒸汽机、摄影术和留声机,发现石油、电、电子,牛顿定律,达尔文的进化论,爱因斯坦的相对论,以及其他许许多多大大小小的发现与发明——全都是观念的语义力量的光辉范例。

2. 唤起的力量

除了语义的力量,语词还有唤起我们心中的某种情绪或情感的力量。我们在生活中使用的大多数语词并不是孤立的,它们和不同的情绪与冲动相连。研究自己的心意,我们就能看到心意有两层:上层是观念,由语词和形象构成;下层是情绪、冲动等。这两层相互连接。结果是,当某些观念在心意中生起,就会唤起心意中的某些情感或情绪。这一事实乃是广告的基础。当手机、巧克力或莎丽的广告被某个女人看到,就会唤起她购买那个牌子的手机、巧克力或莎丽的欲望。

在日常生活中,语词的唤起力量在让我们快乐与平静或痛苦与焦虑方面,起到了重要的作用。一首诗唤起的崇高感,一曲颂歌唤起的虔诚之情,政治领袖煽动民心的演说,教师的谆谆告诫——这些都是语词的唤起力量之范例。

情绪是对经验的反应。愉悦的经验产生爱、友善、合作、尊重等积极反应，痛苦或悲伤的经验产生憎恨、愤怒、恐惧等消极反应。积极情绪和消极情绪不仅干扰心意，而且干扰身体。如果一个人情绪激动，他就无法入睡，无法找到平静，甚或无法清晰地思考。所以，情绪通常被视为障碍，需要加以控制或消除。然而，在20世纪90年代，丹尼尔·戈尔曼等人表明，情绪构成一种独立的认识官能，称为"情商"。戈尔曼本人将情商定义为"认识自身情感和他人情感，激发自身，良好地处理自身内部情感和人际关系中的情感的能力"。情商在个人生活和社会生活中起着重要的作用。情商被发现之后，一直被认为是人际交往中的"软技能"，尤其是在商业机构、银行、公关部门等。

情商不仅在人的行为举止，而且在人的措辞中体现出来。如果一个人使用刺耳的语词，喜欢批评他人或夸耀自身，那么人们就会躲避他，他的生活终将孤独、失败。但如果他温柔、和气、礼貌、可爱地说话，那么人们就会与他合作，他的所有事业就会成功。这便是语词的唤起力量。

3. 灵性的力量

上面讨论的语词的力量属于被感官束缚的世俗生活的范畴。世界诸宗教认为，在这个有形世界之上，还有若干不可见的灵性世界。不同宗教的圣典，比如《吠陀》《圣经》《古兰经》等，给了我们有关那些更高的灵性领域的讯息。《吠陀》认为，在所有的世界，无论是可见的还是不可见的，还有称为"梵"的终极实相，它具有无限意识的本性。

信仰与经验

在此，产生了一个问题：经典如何能够给出有关不可见的实相的知识？斯瓦米·维韦卡南达回答了这个问题，根据他的观点，经典是不同宗教的最初创始人所获得的超然经验的记录。世界诸宗教的最初创始人不是凡人，而是先知、化身或仙人（见者），他们拥有超越感官限制、直接把握永恒的超感实相的能力。经典记录了他们对超然经验的谈论。因而，《吠陀》是仙人们的超然经验记录，基督教的《圣经·新约》是耶稣基督的超然经验记录，《古兰经》是先知穆罕默德的超然经验记录，三藏则是佛陀的超然经验记录。[①]

那么，人们何以接受这些记录为真？答案是信仰。信仰就是接受一个陈述或一种现象为真，而不直接经验或证实其真实性。真正的宗教信仰必须和通常的信念与迷信区分开来。真正的宗教信仰之本质是什么？根据基督教神学家的观点，真信仰是一种知识，由神的恩典直接注入人的灵魂之中。在印度教里，真信仰被称为shraddha，是人的灵魂与生俱来的一种高级官能；通过净化心意，尤其是通过独身生活，信仰官能得以发展起来，并给予人巨大的内在力量。

我们必须指出，当我们阅读世界诸宗教的经典时，我们所获得的知识仅是间接知识。即便它受到信仰的支撑，在获得经典中的知识之后，我们必须进行灵性训练，学会超越普

[①] 参见斯瓦米·维韦卡南达对胜王瑜伽的介绍，收入 *The Complete Works of Swami Vivekananda* (Kolkata: Advaita Ashrama, 2000) Vol 1, p.126–127.

通心意的限制，直接经验灵性真理。不过，在印度教的经典中，有一类特殊的语词，被称为"曼陀罗"，它们具有让人直接觉悟超验真理的力量。曼陀罗是神秘的"语词公式"，具有强大的灵性力量，可以揭示称为"神"的终极实相的不同方面。

更加详细地讨论语词的灵性力量超出了本书的范围。在本章，我们把讨论局限于世俗观念的力量。

如何获取与表达知识

近年来，教育领域的研究让我们在获取与表达知识的方式上有了一些重要发现。

第一，对大部分知识的获取是无意识地发生的，也是在教室之外发生的。通过教室里的正规教育所获取的知识，其范围实在有限。大量的知识是通过阅读书本和杂志、通过与他人交谈、通过生活中的各种经历，以非正规的方式获取的。这种学习在很大程度上是无意识地进行的。

第二，我们还发现，真理可以通过多种方式来表达和传递。线性逻辑，尤其是数理逻辑，仅为表达真理的方式之一。在日常生活中，这种逻辑很少运作，我们更为频繁地依赖模糊逻辑、混沌理论、神话、故事、寓言、艺术形式和其他种类的非线性推理来表达和传递真理。艺术是一种视觉形象的语言，通过这种语言，大量的真理、理想与价值观被传授，学生们轻松快乐地学会它们，而没有通常的言语学习所具有的强制性和压力。

第二章 观念的力量

第三，我们前面谈过，在此无须重复讨论。与情商有关的是"多元智能"（Multiple Intelligences）理论。该理论由哈佛大学的霍华德·加德纳（Howard Gardner）博士于1983年提出。加德纳最初提出该理论是把它作为智商测试的选择方案，它因此受到了批判，没有被广泛接受。然而，构成该理论之基础的基本观念值得我们特别关注。我们通常认为，在数学、统计学、理论物理、工程学、计算机科学等方面表现突出的学生是聪明的。然而，不能否认，创作诗歌、戏剧或小说，创作音乐，演唱古典歌曲，当接待员，维护法律和秩序，下棋，甚至打板球，等等，不仅需要技能，而且需要不同种类的智能。这一理解导致了高等教育和职业的多样化，结果是，在今日世界里，无数通往卓越和物质繁荣的道路向年轻人敞开。

第四，从哲学和教育角度看，我们获取的所有知识都是连续不断的解释过程之产物。每个人的心意中都有一个特定的知识团，称为"统觉团"（apperceptive mass）。当他遇到新的知识，就会试图根据已有的知识去做出解释。随后，经过解释的新知识被纳入统觉团。

解释的过程始于童年时期。学习本身就是一种解释形式。每一个孩子都带着来自家庭的一个小小的知识统觉团进入幼儿园。在幼儿园里，孩子以自己的方式解释老师教给他的任何内容。随着他升入更高的年级，他学会更高级的解释方式。他就是这样获取新知识的。在校外，孩子通过解释周围的世界继续学习。以此，孩子创造自己的价值和意义世界，并居于其中。这种学习的理论也称为"建构主义"。教师的角色是让孩子能够做出正确的解释，这种看法称为"赋能教育"（Enabling Education）。

观念的形成

从上述讨论中，我们可以看到，人的心意不是电脑或其他任何种类的机器，而是一个活生生的有机体的一个活跃的部分，该有机体面向目标，寻求知识，通过解释的过程获取知识，以观念的形式表达知识，并用观念创造自己的意义世界和社会现实。由于观念在我们理解自身和社会现实方面起到重要的作用，因而这一点很重要——了解观念如何在心意中形成。

观念的形成有三个阶段。在第一阶段，心意接收信息。信息的输入可以借助直接观察、他人或书本。

在第二阶段，心意反思不同的信息。如前所述，这种反思是一种解释。通过这种解释性的反思，信息被转换成知识或认识。

在第三阶段，这种知识被应用于不同的生活处境，并得到经验的检验，就变成了智慧。智慧能让我们正确地理解和面对生活难题，并为不同处境中的人提供指引。正是智慧发展出成熟而崇高的性格。

在印度，学校和大学的大部分教育仅仅在于提供不同种类的信息。考试被设计出来检验学生所获得的信息数量。私人教学和辅导之目的也是用信息来装备学生。学生没有获得足够的时间、激励或训练去独立思考，把信息转变为知识，

并进一步转变为智慧。对此,斯瓦米·维韦卡南达说:

教育不是输入你的头脑并在那里胡乱运作,而始终未被理解的信息总量……如果你吸收五个观念,并让它们变成了你的生活与性格,那么你比背诵了整个图书馆藏书的人受到的教育还要多。[①]

真正的智慧在于学习生活教给我们的功课,避免过去犯下的错误,把人生经验编织进个人生活哲学当中。然而,很多人,尤其是青年人,无法这样做。对许多青年人而言,学习生活教导的所有智慧还太早了,正如19世纪著名德国哲学家黑格尔所说,"米涅瓦的猫头鹰只在黄昏时分起飞"[②]。所以,青年人比其他任何人更需要见者、圣人和伟人的智慧之言来充当生活的指引。

观念的三大类型

观念有多种,有神话观念、宗教观念、玄学观念、哲学观念、科学观念等。然而,古希腊哲学家亚里士多德

---

① *The Complete Works of Swami Vivekananda*, 3:302.
② 米涅瓦是古罗马的智慧女神(对应印度教中的萨拉斯瓦蒂),她的坐骑是猫头鹰,所以,猫头鹰象征着智慧。黄昏指老年,在青年的正午之后来临。因而,这句格言意味着,智慧只在老年人的心意中出现。也有人把这句格言解释为,我们在经历世事之后变得明智。

（Aristotle）表明了一种划分观念的便利方法，根据他的方法，人类知识有三种类型：理论知识（theoria）、创制知识（poiesis）和实践知识（praxis）。

理论知识是推理知识，指的是关于一个主题之本质的知识。它是真理，因为它并不涉及目标或效用。诸多数学定理，以及哲学、艺术、历史等中的纯理论概念属于理论知识的范畴。

创制知识是技术知识，指制造新东西的知识。它是生产工艺知识。这种知识让陶匠能够用黏土制造陶罐，让木匠能够用木头制造桌椅，让工厂能够生产自行车、缝纫机或其他消费品。对于生产制造，创制知识与技能（亚里士多德称之为techne）是必要的。

实践知识指将哲学或伦理学的原则、概念、观念等付诸实践。这无须技能或创制某种新东西。实践知识意味着观念或理念在日常生活或达成生活目标方面的实际应用。

本章的主要论题是实践知识，即高级观念的实际应用，事实上，这也是本书的主要论题。本书力图表明，诸如斯瓦米·维韦卡南达这样的圣人的观念能够应用于现实生活，并能帮助我们解决生活中的问题。

卡尔·马克思第一个声明，哲学并不仅仅意味着沉思，而且意味着哲学原则在改造社会方面的实际应用。马克思的实践知识概念基于唯物主义的观点。

相反，斯瓦米·维韦卡南达提出的吠檀多哲学的实践知识（"实用吠檀多"）基于综合的、整体的生活观，以终极灵性实相为中心。在斯瓦米吉之前，吠檀多仅仅针对灵性追

第二章 观念的力量

求者,尤其是桑耶辛(弃绝者)或僧侣,其目标被认为是脱离轮回或生死循环。斯瓦米吉表明,吠檀多的原则可以应用于日常生活,甚至可以用来解决世俗生活中的问题。斯瓦米吉所说的实用吠檀多指的就是将崇高理想应用于现实生活。他说:

因而,我恳请你们理解,尽管吠檀多是极其实用的,但在充当理想这一意义上,它保持不变。①

斯瓦米吉说的"理想"指的是吠檀多的两个主要原则。

第一个原则是:人的真实本性既非身体也非心意,而是阿特曼;阿特曼是至上阿特曼、梵或神不可分割的部分。这表明人的真实本性是神圣的:在人的内部有个神圣的中心,它是无限的知识、力量、喜乐与爱的源头。

第二个原则是:神在所有人之中,而不论他们属于何种宗教、种族或文化;服务于神的最佳方式就是服务于人。由此,社会服务就是一种灵性训练。

斯瓦米·维韦卡南达认为,吠檀多的这两大原则可被所有人应用于日常生活事务当中,甚至可用来解决社会经济问题和家庭问题,无论你是捕鱼的渔夫、在法庭上辩论的律师、在学校学习的学生,还是其他行业的人。②

斯瓦米·维韦卡南达还认为,将吠檀多的原则应用于生活事务,可以创造出一个新的社会,该社会的公民拥有知

---

① *The Complete Works of Swami Vivekananda*, 2:294.
② *The Complete Works of Swami Vivekananda*, 3:245.

识，摆脱特权、非正义和剥削。[①]斯瓦米吉相信观念具有改变人类社会与文化的力量。然而，为了理解灵性观念的力量，首先有必要理解世俗观念的力量，以及世俗观念如何改变了人类的历史进程，改变了社会与文化。

观念的力量之集体方面

世俗观念的力量有两个维度或方面。一是集体方面或社会方面，二是个体方面，即与我们的个人生活相关的方面。

关于观念的力量之集体方面，一位著名的学者和思想家写道：

> 文明在根本上是人们赖以生活的一套观念与理想。这些观念与理想体现在生活规则与制度当中。它们给生活以统一性和意义。当它们已被遗忘或未被激发，文明要么发生改变，要么倾向于没落。[②]

1. 历史事例

我们来思考一下高尔基（Maxim Gorky）的名著《母亲》中的一个情节。这本书讲述的是俄国革命前生活在一个矿业

[①] "在某种意义上，你们的灵性必将形成社会新秩序的基础。" *The Complete Works of Swami Vivekananda*, 3:161.

[②] Harold Titus, *Living Issues in Philosophy* (New York: American Book Company, 1964), p. 5.

第二章 观念的力量

城镇上的一名妇女的生活。在矿业城镇上,社会低级阶层的人们过着邪恶、暴力的生活。这名妇女害怕她的丈夫,她自己的丈夫是个酒鬼,总是在晚上大醉而归,殴打和虐待她。她很怕他。后来,丈夫去世,十八岁的独子便成了家里的顶梁柱。他开始仿效父亲,总是喝得酩酊大醉,回家虐待母亲。于是,母亲也开始害怕儿子。一天,男孩回家,没有喝醉,也没有虐待母亲。他安静地吃了晚饭,就上床睡觉了。又过了几天,他带回来两个年轻人,是他的朋友。他们一看到她,就向她行礼。她很吃惊,在她的一生中,从来没有男性对她表示过任何尊重。当天晚饭之后,她看到那两个年轻人和她的儿子坐在一起,正在干什么。过了一段时间,她才明白,他们在教他字母表,让他识字。几个月后,他们也收她为学生,开始教她字母表。

他们为什么要教穷人识文断字呢?这样做是为了让穷人也能掌握观念。那是俄国革命之前,马克思的观念,尤其是列宁的观念与教导在地下团体中得到传播。革命不仅仅意味着暴力,革命的先决条件是:观念必须为人们所掌握。这将唤醒人们的心灵,只有到那时,革命才会成功。

研究苏联的普遍状况,我们可以发现一个显著的特征:苏联非常重视知识,重视知识的传播,尤其重视培养人们对书籍的热爱。俄国人曾经十分贫穷,比印度的穷人还要穷。但在二十年的时间里,列宁成功地把俄国变成了一个强国。

现代中国的崛起是另一个例子,说明了意识形态和观念对集体意志的力量。

关于观念的力量,还有一个事例值得提及,那就是伊斯兰教在6世纪的兴起。直到6世纪,阿拉伯一直不太为外部世界所知。贝都因人和商人曾经骑着骆驼在那片沙漠之地四处游荡。然后,出现了先知穆罕默德,他给了人们有关神的一些简单的观念。在十年时间里,一切都变了,那里兴起了一个强大的新宗教。正如威尔斯(H. G. Wells)所言,伊斯兰教的兴起是一个历史奇迹。先知穆罕默德去世之后,在二十年里,伊斯兰军队征服了整个中东。当时有东罗马帝国,被称为拜占庭帝国,其中心在君士坦丁堡,是个基督教帝国。在波斯东部,有琐罗亚斯德教的萨珊帝国。这两个帝国的军队都被人数更少的伊斯兰士兵彻底击溃。是什么给了他们力量?正是穆罕默德灌输给追随者们的观念。起初,阿拉伯人也许肆意破坏了一些图书馆,毁坏了许多书籍。然而,一旦他们理解了知识的重要性,那一切就都停止了,阿拉伯人开始关注知识与学问,他们把希腊和罗马的古书翻译成阿拉伯文,造就了许多伟大的学者和思想家。

2. 欧洲人的智性觉醒

在威尔斯的名著《世界史纲》里,有一章名为"13至14世纪欧洲人的智性觉醒"。11至12世纪的十字军东侵让欧洲人接触到中东先进的伊斯兰文明,这种接触也使欧洲人得以寻回被遗忘了的希腊经典。这些经典的拉丁文译本的普及,连同一些阿拉伯语著作,在欧洲各处带来了一种强大的觉醒——对知识之爱的觉醒,人们渴望知识。纸很容易买到,虽然印刷术尚未发明,但有大批抄写员制作的大量手抄本,这些手抄本在人群中流传。正是在这一时期,也就是13至14

第二章 观念的力量

世纪,许多重要的欧洲大学,比如巴黎、牛津、剑桥、博洛尼亚、海德堡的大学被建立起来。在印度,现代大学直到19世纪才在加尔各答、马德拉斯和孟买出现,而到那时,欧洲已经有了七百年的大学教育。大学教育催生对知识的强烈兴趣与渴望。西班牙、意大利、法国、英格兰、苏格兰等欧洲各地的人为知识之爱所驱动,聚集到大学里。他们来到大学不是为了学习科学(因为当时科学尚未兴起),而只是为了学习语言学、文学和哲学所能提供的知识。在那之后,出现了文艺复兴,以达·芬奇、米开朗琪罗、拉斐尔和一些天才为先锋;随后是哥白尼、伽利略、牛顿和其他人的科学发现;再往后则是启蒙运动、机械革命和工业革命。

当时,欧洲人拥有科学知识和技术知识,他们需要的是资本。于是,他们开始寻求资本,并将注意力投向了东方。他们看见了印度,一个财富遍地但智性落后、屈从于外国统治、彻底混乱、没有意识到自身之巨大力量的庞大国家。所以,他们来了,就这么简单。殖民对他们来说是个轻松的冒险。没有多少杀戮和流血,他们就征服了印度和其他国家。他们以这种方式攫取资本,并因此变得富有。欧洲的所有财富来自两样东西的结合——智性觉醒和殖民。二者之中,智性觉醒是远远更加重要的因素。

正当欧洲觉醒之时,印度却陷入了沉睡。尼赫鲁(Nehru)在《发现印度》中悲伤地列举了一个例子:欧洲人来到阿克巴(Akbar)的宫廷寻求财富,在此之前,古滕贝格(Johannes Gutenberg)成功发明金属活字印刷,《圣经》已经印刷出来,这些欧洲访客向宫廷里的人展示了他们印刷的

《圣经》。尼赫鲁还谈到，宫廷里甚至没有人怀着些许好奇心去了解或询问书是怎样印刷出来的。印度不得不再等两百年，直到新教传教士来到印度并启动一架印刷机，才开始印刷书籍。这显示了智性觉醒和智性尚未觉醒之间的差别。

智性觉醒有三个特征。

智性觉醒的第一个特征是，为了爱知识而爱知识。知识具有内在的价值，我们应该为了知识本身而寻求知识，而不是为了知识的某种实用价值。在13至15世纪，当欧洲智性觉醒时，那里的人为了知识本身而渴求知识，每个地方的人都热爱读书。甚至到现在，对知识的这种追求依然存在。在印度，这种追求则仅限于少数学者和学生。

智性觉醒的第二个特征是，为了获取知识，无论多少困难都愿意经历。我们可以举出若干实例表明，为了在伟大的学者身边学习，人们经历了巨大的苦难与牺牲。在此，我们来讲述一位西藏僧人渴求知识的动人故事，他的印度名字叫法主（Dharmaswamin）。他于12世纪末来到印度比哈尔著名的那烂陀大学学习佛法，当时，这所大学已被阿富汗掠夺者巴克提亚尔·卡尔吉（Bhaktiar Khilji）化作废墟，然而，在废墟中间，一介老僧还在教学，老僧名叫罗睺罗·室利跋陀罗（Rahula-shribhadra），是个伟大的学者。每当他们听到阿富汗骑手铁骑飞奔而来的声音，法主就把老僧扛在肩上，逃到安全的地方。当危机解除，法主就带着师父回到昏暗的房间，继续讲课。

智性觉醒的第三个特征是渴望保存已经获取的知识。这个特征——渴望保存知识，通常表现为热爱书籍，但也可能以其他方式表现出来。有一则引人注目的逸事支持上述观点，那是美国南北战争期间发生在耶鲁大学的事。当时，绝大多数学生和教职人员离开了大学，实际上整个校园空空如也。然而，校长尤厄尔先生（Mr. Ewell）坚守在他的办公室。每天清晨，他来到办公室，敲响上课的钟声。没有学生，没有教职人员，我们甚至不知道有没有劳工留在耶鲁。然而，校长在南北战争的四年期间每天敲响上课钟声。这是对一个理想的捍卫，也是一个巨大的挑战。知识是神圣的，是无数伟大人物的劳动成果。无论在什么情况下，都不能让知识消亡——这就是尤厄尔校长的态度。①

3.印度文化史

如果我们研究印度文化史，就会发现，直到10至11世纪，印度产生了一些卓越的科学家和思想家。直到那时，印度人做了大量的创造性工作，并取得了伟大的成就。在那个时代，甚至连罗摩奴阇（Ramanuja）和摩陀婆（Madhva）的虔信运动也是智性运动，尽管印度后来的一些虔信运动具有更加感性的特征。

在10世纪和11世纪之间的某个时候，印度的民族活力开始出现了某种衰退。尼赫鲁在《发现印度》一书中谈到了这一点，但无法解释这种现象。在《世界历史一瞥》中，他也作了同样的观察。没有人清晰地解释过这一民族活力衰退

---

① 西藏僧人的故事和尤厄尔校长的故事由Sukumar Dutt博士在*Buddhist Monks and Monasteries in India*(London: George Allen and Unwin, 1965)中讲述。

的原因。正是因为这种衰退,外国势力才能进入印度,而在那之前,外国势力无法大规模地侵入印度,甚至连建立了一个从中国边境延伸到西班牙的庞大帝国的阿拉伯人,也没有伤及印度。然而,大约在11世纪,加兹尼的马哈穆德(Mahmud)一次次地突袭印度,进行掠夺和破坏,然后,到12世纪末,阿富汗人入侵印度,在德里建立了他们的统治。这之所以可能,是因为到那时,我们在前面提及的那种衰退已经发生,印度人已经变得软弱,质询和冒险的精神已经离开了这个国家。有种看法是,吠檀多的摩耶论(让世界变得虚幻)导致了对世界的忽略。虽然这种看法未必完全妥当,但下面这一点是正确的:大约在我们谈论的那个时候,印度最有才智的人将他们的注意力局限于对经典作注。对自然世界的敞开与好奇心消失了,印度人发展出了对生活的一种消极态度,而在那之前,印度人对生活抱有非常积极的态度。在《薄伽梵歌》里,我们看到一切都是积极的;克里希那(Krishna)再三要求阿周那(Arjuna)履行战斗的职责。宇宙中的一切都被视为神的荣耀之显现。《薄伽梵歌》没有说世界是个幻相。然而后来,大约在10世纪或11世纪,一种以绝望、无助为特征的消极态度,以及对宿命(vidhi)而非自力的信念,控制了印度人。在现代,正是斯瓦米·维韦卡南达把自信与力量注入了印度人的心灵,将他们带回现实世界。

至于独立后的印度,我们发现,智性觉醒恰恰没有在普遍的层面发生。这是我们今天需要强调的一个要点。在印度,我们尚未经历欧洲人在13至14世纪经历的那种智性觉

第二章 观念的力量

醒,那种集体醒悟尚未发生在印度。在19世纪,我们有过一场灵性觉醒,由室利·罗摩克里希那和斯瓦米·维韦卡南达开启。然而,紧随其后的是一场政治复苏,而没有智性觉醒去吸收灵性觉醒所带来的刺激之作用。斯瓦米·维韦卡南达走遍印度,做了那么多场演说,但由于缺乏普遍的智性觉醒,人们无法正确地理解和利用斯瓦米吉给予他们的观念。

在今天,情况好多了,但过多的政治活动妨碍了我们的进步。印度的政治没有智性觉醒的支撑,你可以看到由此导致的混乱。在欧洲,那是个漫长的过程,欧洲人经历了一场缓慢的转变,用了好几个世纪。民主是那样来的。到民主政体在欧洲确立的时候,人们已经获得了智性觉醒和成熟性,他们可以自行决定自己需要什么。在印度,由于缺乏严格意义上的觉醒之智性,观念和知识的重要性没有得到充分的认识。在21世纪的今天,形势不同于往昔,电子革命,尤其是信息与通信技术的普及,正在慢慢地唤醒受过教育的印度人的心灵。

然而,我们需要普通人的一场集体智性觉醒。维韦卡南达想要带来的是一场民族觉醒。一百多年前,唯独斯瓦米吉理解观念的重要性,在写给马德拉斯的弟子的一封信中,斯瓦米吉说:

> 我生命中的全部雄心便是开动一架机器,把崇高的观念带到每一个人的家门口,然后,让男男女女安顿自己的命运。[1]

---

[1] *The Complete Works of Swami Vivekananda*, 5:29.

在另一封写给弟子帕努玛（Alasinga Perumal）的信中，斯瓦米吉说：

> 无数的男男女女被神圣的热情所点燃，以对主的永恒信念为堡垒，出于对穷人、被毁损者、被践踏者的同情而鼓足狮子般的勇气，他们将走遍印度的每一寸土地，传扬拯救的福音，即援助的福音、社会提升的福音、平等的福音。①

在那时，印度的人口是三亿，而在今天，印度的人口已经超过十亿。所以，我们今天至少需要三十万人去往印度各地，引发一场觉醒。在英国统治着印度的时候，英国人很有可能不会允许维韦卡南达实施大众觉醒计划。在后来写给帕努玛的另一封信中，维韦卡南达说："目前，我已放弃大众教育计划。"

4.知识在印度社会中的角色

无论你到印度哪个地方，都能见到穷人在非常努力地劳动，甚至连老太太也从早到晚在土方作业工地和建筑工地等场所辛勤劳动。然而，尽管人们如此努力地劳动，却依然贫穷。据最新估算，印度有将近27%的人仍在贫困线以下。显然，劳动并没有在这个国家制造财富，原因何在？

在印度，至少有50%的人口从事农业生产，就是说，有50个人不得不辛勤劳动来为100个人生产食物。然而在美国，

---

① *The Complete Works of Swami Vivekananda*, 5:15.

第二章 观念的力量

6个人就能为100个人生产足够的食物。虽然印度拥有充足的耕地、水和其他自然资源,但这个民族依然是世界上最贫穷的民族之一。今天,主要的问题在于营养失调。欧洲国家在自然资源上要匮乏得多,而且那里的寒冷气候只在短期内适合种植少量的庄稼。在日本,土壤的平均深度据说只有6英寸。这些国家所需的一切几乎都要依靠进口,它们如何得以保持富裕?只有一个答案:通过知识,也就是恰当地利用头脑的力量。

像阉牛一样劳动是不够的,劳动必须配以知识,只有那样才能制造财富。《唱赞奥义书》(1.1.9)说:"有两类劳动者:一类依靠知识来劳动,另一类不依靠知识来劳动。知识和无知的结果不同。唯有依靠知识、信仰与专注进行的劳动才能产生更好的结果。"

从前,在印度,知识被赋予了巨大的重要性,有一个种姓专门负责培养知识,那就是印度为什么能在古代孕育一种伟大文化的原因。但在几个世纪里,主要是因为外族入侵,印度人对培养知识的兴趣减少了。在中世纪,当欧洲开始觉醒之时,印度开始沉睡。在13至14世纪,由文艺复兴带来的一股智性觉醒浪潮席卷了欧洲,文艺复兴鼎盛时期技术进步惊人。印刷机、蒸汽机、多轴纺织机、动力织布机、铁路——发明一个接着一个,这导向了工业革命,深刻地改变了人们对机器和对同胞的态度。于是,出现了更大的社会觉醒,新的社会理论和政治理论开始被提出。而印度错过了所有这些变化。

如果说知识是西方繁荣的基础,那么无知则是印度贫穷的根本原因。所有西方国家都远远地超过了印度。如何赶上它们？只有通过增加知识，我们才能获得财富，而如果没有财富，我们就无法传播知识。

如何打破这个恶性循环？斯瓦米·维韦卡南达是第一个提供了解决办法的人，他说，这个恶性循环只有通过教育才能打破。这不是个不切实际的观念，如前所述，斯瓦米吉心怀的是大众教育计划，在短期内覆盖全国，方法是训练许许多多的人，并把他们派往印度各地，尤其是农村地区。如果斯瓦米吉的这一计划被成功地实施，那么印度的命运已经改变。

通过给予人们正确的知识，我们可以改变他们的态度和观念。当他们依靠正确的知识去劳动，就会制造财富、繁荣，获得快乐。

以下五种知识应该向人们传播，尤其是对农村地区的人：制造和保存财富的知识；健康与卫生的知识；培养社会和谐与服务精神的知识；过有道德的生活的知识；从灵性角度看待生活的知识。

（1）制造和保存财富的知识

为了制造财富，知识应该以自主创业（self-employment）为目的，而自主创业应该包括三个方面：有机会从事营利工作，获得技能，自信。

第一，有机会从事营利工作。营利工作不仅应该包括养蜂、养鱼、乳牛业等传统乡村企业，而且应该包括生产电子产品、电器、机械器具和配件的乡村企业。用来传授知识的设施和自主创业的机会应该大规模地提供给农村地区。

印度经济近年来有两方面的发展。一是从生产转移到消费。直到1990年,印度实质上还是个性社会;主要归功于甘地(Gandhi)的运动,印度达到了食物上的自给自足,以及世界第十工业大国的地位。但从那以后,印度正在日益变成一个消费社会,这是因为中产阶级的兴起。独立之前,印度只有两大阶级:富人阶级和穷人阶级。独立之后,富人变得更富,而将近27%的人仍在贫困线以下。那么,自由印度的成就是什么?是占优势地位的中产阶级的产生。在今日印度,中产阶级的人口比几个欧洲国家的总人口还要多。今天,经济活动的主要目的在于满足中产阶级的需要。纺织品、两轮车、汽车、化妆品、电视机、手表、电子产品等生产的井喷就是正在发生的经济转移之结果。人们对手工艺品、手摇织布机、杂货和其他乡村工业产品的需求可能比以往更大,但产品必须有质量控制和以消费者为导向的多样化特征。

另一方面的发展是电子革命。印度已经错过了欧洲的工业革命,不能再错过电子革命。电子产品,比如手机、电视机、电脑、电子手表和其他器具正在成为乡村风景的一个相当普遍的特征。可以大规模地训练村民操作电子产品(以及泵唧装置和拖拉机等机器)。

第二,获取技能。目前,印度的总劳动力中只有10%接受过技能培训。最近,政府启动了几项技能发展计划。罗摩克里希那传道会几十年来一直在向年轻人和农村妇女传授技能,越来越多的非政府组织应该站出来向年轻人教授技能,尤其是使用电脑的技能。然而,这还不够,年轻人自己必须拥有学习技能的渴望。

第三,自信。正如斯瓦米·维韦卡南达所指出的,由于长久以来被忽略和被压迫,印度的穷人已经丧失了自我信仰。斯瓦米吉说,信仰你自己,必须在穷人,尤其是农村地区的穷人中间得到传播。这里的主要问题在于,让接受训练者克服由低种姓出身或不快乐的童年经历所导致的各种压抑。

只教村民如何挣更多的钱是不够的,还应该教他们如何保管和明智地利用他们所挣到的钱。大多数印度村民没有节约意识。在印度若干沿海地区,村民们每个月通过养虾挣一万至一万五千卢比,但他们还是穷人,因为他们不会节约。他们要么沾染上喝酒、赌博或其他恶习,要么在节日、婚宴等场合挥霍,把辛苦挣来的钱花光。许多穷人落入了不道德的放债者的魔爪,因为无法偿还贷款而自杀。

印度的村民和穷人缺乏规划,他们倾向于活在眼前,而不关心未来。应该对他们进行节约和明智投资方面的指导,还应该鼓励把自己的收入存在正规的银行,而不是存在地方欺诈机构。

(2)健康与卫生的知识

印度人健康与卫生知识相当缺乏,甚至在受过教育的印度人那里也是如此。中国相当关注初级教育和初级卫生保健,而在印度,我们忽略了这两者。结果是,据说甚至到今天,还有50%的印度儿童营养不良。这并不仅仅因为贫穷,因为甚至连许多中产阶级儿童也营养不良。主要原因在于对食物的营养价值无知,对基本的健康与卫生原则无知。

（3）培养社会和谐与服务精神的知识

在印度的几桩恶事中，有两桩在此需要特别提及。其一是种姓歧视，其二是宗教不和谐。在印度大部分地区，尤其是在比哈尔和北方邦的部分地区，最低阶层的人被使唤去干各种卑贱的活，而没有足够的报酬。除此之外，只要有人稍作挑拨或猜疑，他们就会被攻击，他们的屋子就会被烧毁。对无助之人的这种非人道待遇是印度社会结构的一个巨大的污点。同样恶劣和应受指摘的是宗教歧视，常常升级为社区骚乱，甚至有无辜者被杀。毫无疑问，无知是宗教歧视的根本原因。这种无知必须通过教育以及开明、富有同情心的社会行为来消除。室利·罗摩克里希那有关宗教和谐的思想——针对所有人，而不分种族、宗教或种姓——应该在印度人当中传播，尤其是在年轻人当中。

室利·罗摩克里希那和斯瓦米·维韦卡南达的如下思想也应该在普通人，尤其是农村地区的人当中传播：把服务于人当作服务于神。斯瓦米·维韦卡南达想在每一个村庄建一个罗摩克里希那静修所，因为这样一个静修所将是一个和谐、平静与服务的中心。

（4）过有道德的生活的知识

这一点我们会在后面的章节中详细讨论。在此，我们想要指出斯瓦米·维韦卡南达的如下观察：印度是少数这样的国家之一——贫穷并不意味着邪恶，比起西方的穷人，印度的穷人是天使。然而，印度人的这一道德形象近年来正在迅速改变，这是因为现代物质主义文化的影响，这种文化甚至正在通过电视、电影、手机和其他手段在穷人当中蔓延。除了酗酒和嗑药，不同形式的邪恶正在渗入印度年轻人的心灵。最应该指摘的是针对女性的犯罪活动的增加。对女性（包括外国女游客）而言，生活和旅居于某些印度城市已经变得非常不安全。这表明当前在印度年轻人中间传播道德与灵性观念的重要性。

（5）从灵性角度看待生活的知识

离开宗教或灵性的角度，道德就无法运作。只有理解了以下内容，人们才能过上有道德的生活：

第一，世上存在着一种道德秩序（正法）；

第二，依据神的命令或业律，必定恶有恶报；

第三，不义之财不会持久；

第四，不道德招致惩罚。

灵性的角度对于免受生活中的困难与失败的影响，对于克服日常生活的压力与紧张，对于达到更高的满足、平静与自由，也是必要的。室利·罗摩克里希那和斯瓦米·维韦卡南达发展出一个普世灵性原则体系（斯瓦米吉称之为"普世宗教"），它针对所有人，无论来自哪个社会、宗教或种族。这些原则应该在年轻人中间得到传播。

观念的力量之个体方面

到目前为止，我们讨论的是观念对集体意志，也就是

第二章 观念的力量

对作为整体的社会、共同体或人类的作用。其实,观念对个体心意的作用更大、更多变、更重要。在印度19世纪的社会-宗教领袖中,斯瓦米·维韦卡南达比其他领袖更加理解观念的力量,更加强调在年轻人中间传播富有活力、高尚而积极的观念之迫切需要。①伟大的诗人泰戈尔(Rabindranath Tagore)也不止一次指出了这个事实。斯瓦米吉想让年轻人用崇高的思想装满自己的头脑,他说:

思想正是我们内在的推动力量。要用最崇高的思想装满自己的头脑,日复一日地聆听它们,月复一月地思考它们。②

仿佛是与斯瓦米·维韦卡南达的想法遥相共鸣,生活在伦敦的作家汉布林(H.T. Hamblin)于20世纪30年代通过著作和期刊传播类似的观念。在其中一本著作中,汉布林写道:

你是自己生活的建筑师,成之毁之皆在于你。通过思想的力量,你建造着(自己的生活)。思想的力量是人所能掌握的最强大的力量。今日世界的状况正是人类集体思想的结果……每一个体的样子正是其思想的结果。人想什么,就会变成什么。人的所思所想是他所有行动的主要源泉。人的所思所想招来他的境遇和环境。人的所思所想决定了聚集在他

---

① 印度政治生活缺乏统一的意识形态或一套激励人心的理想,这一点在印度独立之后变得明显。没有什么可以统一或激励人心。这是今日印度的不道德与腐败滋生的原因之一。
② *The Complete Works of Swami Vivekananda*, 2:152.

身边的朋友和伙伴的类型。人的所思所想决定了他是快乐还是痛苦、成功还是失败、健康还是疾病、富足还是贫穷、憎恨还是热爱……正是这种力量让我们克服困难，克服出身和门第的不利，这种神赐的力量让生活变得美好、鼓舞人心、充满活力。①

上面的陈述涉及两个原则。第一个原则是，一切崇高观念都在宇宙心意（Cosmic Mind）之中，宇宙心意在印度思想中称为玛哈特（Mahat），在古希腊思想中称为逻各斯（Logos）。为了通往那些崇高观念，我们必须向它们敞开心灵，而这种敞开需要戒律、精神训练和专注。有时，可以自发地进入宇宙心意，科学家就是这样发现科学理论和定律的。例如，引力定律的知识已然存在于宇宙心意之中，牛顿获得了进入那种知识的通道。这一通往宇宙心意的过程有点类似借助计算机通往因特网上的观念的过程。

斯瓦米吉说："我们是宇宙中一切良善观念的继承人。"②古老的《梨俱吠陀》以祈祷文的形式表达了类似的观点："让崇高的思想从四面八方来到我们这里。"③崇高的思想已然存在于玛哈特或宇宙心意之中，我们只需向它们敞开心灵。教育和研究的目的在于，让学生能够进入储存在宇宙心意中的观念。新观念的发现就是今日所称的"创造力"或

---

① Henry Thomas Hamblin, *The Power of Thought* (London: Science of Thought Books, 1929).
② *The Complete Works of Swami Vivekananda*, 7:20.
③ 《梨俱吠陀》1.89.1。

第二章 观念的力量

"创新"。

第二个原则是臻达圆满的愿力。一闪而过的欲望纵然不会得到实现,但一个人内心的欲望,一个人深刻、真诚、全心全意、受到意志力支撑的渴望,定能实现,即便不是现在,也会在将来的某个时候实现,至少会在来生实现。这便是《唱赞奥义书》(3.14.1)中提到的"意欲"(yathakratu nyaya)。

在此,kratu指的是意图(sankalpa)。当一个欲望与意志结合起来,就变成了一个意图。每一天,我们都会产生若干意图,比如"我要那样做","我要去那里","我要那样说",等等。引导着这些意图的正是观念。好的观念引发好的意图,而坏的观念引发坏的意图。在《吠陀》中,有一首颂歌,其副歌是对至上大灵的祈祷:"请赐予我吉祥的意图。"[①]

除了我们每天产生的小小意图,整个人生也有一个主要的目标或目的。人人都有一个人生使命,生来要达成那个目的。

在普通人那里,人生目标局限于自身利益。但在伟人那里,人生目标是为了所有人的福祉而工作。在伟人的生活中,所有的低级意图都融入了一个强大的核心意图,该核心意图冲破一切障碍与限制,将他们提升至伟大的顶峰。

研究伟人的生活,我们会发现两个共同特征。首先,他们的生活具有普遍意义,他们面向所有人,而不分东方和西

---

① *Shukla Yajurveda*(《白耶柔吠陀》), 34.1–6.

方、神圣和世俗。其次,他们的教导或观念基于他们自身的生活智慧,而非基于书本。因此,他们的话语被当作直接认知(aptavakya),也就是可信而权威的陈述。

青年人应该把每天阅读伟人传记作为必修功课。这种阅读会提醒青年人需要达到更高的目标,并阻止他们把时间和精力浪费在轻薄的举动和无益的追逐上。诚如19世纪美国诗人朗费罗(H.W. Longfellow)所言:

> 伟人的生平昭示我们,
> 我们能够生活得高尚;
> 而当告别人世的时候,
> 留下脚印在时间的沙上。

知识的神圣性

人类取得的一切繁荣与进步,人类生活具有的一切力量与荣耀,都是通过以各种方式增加知识来得到的。《薄伽梵歌》(4.38)说:"在这个世上,没有什么比知识更能净化人。"灵性知识和世俗知识都能净化人。因而在印度,自古以来,一切知识——无论是宗教的还是世俗的——都被认为是神圣的。

知识被人格化为女神萨拉斯瓦蒂或辩才天女(Vagdevi),她的两只手握着一件称为维那(Vina)的弦乐器,象征着最初的声音(vak或shabdabrahman),也就是被视为至上之言或宇宙声音振动的终极实相。她的第三只手拿着

第二章 观念的力量

一本书，象征着言语知识和书面知识。她的第四只手拿着一串念珠或一个花环，象征着一切知识的联结，无论是神圣知识还是世俗知识。启引孩子学习文字是个神圣的仪式，在萨拉斯瓦蒂节那天举行。除了印度，没有别的国家把知识当作女神来崇拜，这表明古印度是多么重视追求知识。在印度，追求知识曾被视为最崇高的使命，一切知识都被认为是神圣的，甚至连世俗知识也曾是免费传授的。

在今天，情况大不相同。电子革命、信息与通信技术的进步和全球化导致了所谓的"知识爆炸"。在今日世界，知识的范围和多样性已经变得如此庞大，以至想对任何学科有全面理解变得不切实际。如今，焦点在专业化的知识上。依靠出版和电子媒体，知识的商业化已经让知识变得十分廉价。

比较糟糕的是知识的滥用。一方面，电脑、因特网和其他方面的信息与通信技术让全世界的人都能得到所有领域的一切启发人心的有益知识与价值观念，而不论人们的种族、宗教、阶级或国籍。另一方面，它们也使人们容易接近有关犯罪、暴力、不道德的邪恶知识，这尤其导致了对青少年和年轻人的巨大危害。大规模的知识滥用，比如网络犯罪，是人类进步与和平共存的另一威胁。

知识滥用和精神能量浪费的原因在于，不了解知识和教育在提升人、使人超越动物水平方面，在促进人类文化、繁荣和灵性觉悟方面所起到的重要作用。我们的青年人应该了解这一事实，以及另一事实：接受、保存并传播人类不断增加的巨大知识财富乃是他们的责任。我们可以借用但丁在有关印度诗学的精妙专著中对于知识的无上重要性做出的陈述

来结束本章:

> 三界将会陷入无知的黑暗,
> 没有观念之光照亮整个宇宙。

第三章
针对学生的五项原则

在称为"生活"的广大、复杂而神秘的现象中，我们永远是学生，我们能从生活那里学到的功课显然没有止境。生活本身是最伟大的老师，室利·罗摩克里希那把这位老师称为宇宙的神圣母亲。的确，我们可以从每一个孩子的生活中看到，母亲充当着孩子的第一位老师，正是母亲教给了孩子需要用来与人打交道，甚或用来上幼儿园或托儿所的最低限度的词汇。从这一事实出发，我们很容易相信，存在着一位宇宙母亲，她是全人类的宇宙之师。正是作为这位永恒之师的学生，我写下了本章，目的在于和我的学生伙伴们分享从生活之师那里学到的东西。

本章主要针对今日印度的学生，他们发现自己站在一个交叉路口，面对着各种对立的社会力量。除了需要掌握不断增加、持续升级的信息与技术，他们还发现自己身处紧张而激烈的竞争中，为的是接近赚钱的职业和工作。一些享受和娱乐途径朝他们敞开着。他们面对各种观念和理想，感到迷茫。他们面对印度社会中的诸多矛盾，比如赤贫和暴富、文盲和科学天才、贫民窟和摩天大楼的共存。他们遭遇许多恶事，比如腐败、不道德行为、种姓制度、性别歧视、对女性与儿童的剥削等。

现代的学生处于困境之中，不知该走哪条路，该追随什么，该相信谁，如何前进。在这种令人迷茫的处境中，室利·罗摩克里希那、室利·莎拉达·戴薇和斯瓦米·维韦卡南达富有启发性的生活经验可以为他们提供长期的鼓舞、指引和支持。在这三大伟人的诸多光明言论中，我们提炼出五项原则（pancha shila），作为现代印度男女学生的指导方针。这五项原则为：目标定向，道德健全，自律，服务和力量。

目标定向

只有以某个目标为方向，生活才会变得有意义。如果没有可以为之努力的明确目标，生活就会变成没有意义的例行公事，变成不断重复的无聊行为。如果没有目标来统一我们的思想与行动，生活就会变得不完整、没有力量。

大多数人需要两类目标：一个近期或直接的目标，以及一个终极目标。

对所有人而言，近期目标就是根据自己的人生岗位来履行人生职责，这样，他就可以为他所属的社会之集体福祉做出自己的那一份贡献。对学生而言，直接目标就是好好学习或者获取某项职业技能，以便准备好承担一份职业或工作。

每一个学生都必须自问：我为什么想要得到一份特定

的职业或工作？找工作的目的并不仅仅在于赚钱，还在于表达自己的潜能。每一个人天生具有特定的潜能，以天资、能力和才能的方式表现出来。有些人擅长唱歌，有些人擅长画画，有些人擅长演说，有些人具有领袖特质，有些人对于机械装置或外科手术具有特殊才能，等等。根据斯瓦米·维韦卡南达的观点，教育的主要目的在于这些潜能的展开和发展，这便是他对教育的著名定义——"教育是人本身具有的圆满之显现"的含义。

学生应该选择能最好表达自己潜能的职业或工作。不幸的是，在印度，大多数学生没有选择合适的职业或工作的自由。他们的职业选择通常要么由父母，要么由社会经济强制力所决定。当与生俱来的天资和能力无法得到表达，人就会感受到生活的挫折与不圆满。

除了近期目标，每一个人还有一个人生终极目标。每一个人迟早会发现，无论多少财富和享乐都不能给予他持久的平静或圆满。即便一个人能够从事合适的职业，能够充分表达自己的天资与能力，而且功成名就，他仍然有可能感受到一种内在的空虚，尽管他可以选择无视之。这种空虚是由如下事实造成的：美食、慰藉、财富、名声、天资和能力——这些全都仅仅属于不持久的身心。在身心之上，闪耀着内在之光，称为阿特曼。这内在之光或阿特曼就是人的真我，它不变不灭、永恒不朽。不仅如此，这内在之光或阿特曼是至上之光的一部分，后者称为至上阿特曼或梵，在英文中称为"上帝"。这意味着，每一个人心中都有一个神圣的中心，神居于每一个人心中。诚如斯瓦米·维韦卡南达所言，"每一个灵魂都具有潜在的神性"。每一个人都有一种深刻的内在冲动,想要实现自己真正的神圣本性,而除非他做到这一点,才能达到至上的平静与圆满,否则,他就会感受到一种内在的空虚。

正是人的这种实现神圣真我(真我与至上大我不可分离)的内在冲动,被斯瓦米吉称为"宗教",他说:"宗教是人本具的神性之显现。"这一宗教概念应从孩提时起就进入每一个学生的心灵。我们可以教导孩子:神作为神圣之光居于他们心中,他们的真实本性不是身体或心意,而是神圣之光。这种观念可以通过《奥义书》中讲述的那吉盖多(Nachiketa)、萨底阿迦摩(Satyakama)、乌帕可撒拉(Upakosala)和其他灵性男孩的故事来传达给孩子。

当终极目标的观念进入学生的心灵,就会赋予他的整个人生以目的和意义,并使他形成一个更大的人生视野,不受成败的影响。少数学生能自然而然地觉醒,意识到终极目标,但大多数学生需要老师或父母的帮助。唤醒学生的心灵,让他们看到生命的奥秘与奇迹,看到人生的终极目标,这是真老师的首要职责。

道德健全

在《摩诃婆罗多》里,有个偈颂说,把人和动物区分开来的,正是道德。道德是人的品格之基础,没人会相信没有道德品格的人。道德是文化之基础,当一个社会允许道德原则被任意违背,那么,该社会的文化就会衰败,家庭生活会崩溃、邪恶、暴力与犯罪会增加，诸如癌症之类的疾病会如野火蔓延。在西方社会中，这些就在我们眼皮底下发生，而在西方文化的影响下，印度社会中也有相应的危险。所以，向我们的学生反复灌输强健的道德品质是非常重要的。

在学生的生活中，需要强调的基本美德之一是纯洁（Brahmacharya）。除了其道德含义，纯洁还能增强精神活力、掌握精微观念的能力，以及记住所学内容的能力。

同样重要的是诚实的美德。我们不仅要在言语上，而且要在生活上和行动上保持诚实。我们应该教导学生：通过不诚实的手段获取金钱、分数或名声不仅是可耻的，而且从长远来看是自毁。室利·罗摩克里希那曾说："诚实是卡利年代的苦行。"这在印度尤其如此，印度如今的腐败程度在世界排第六。

需要向年轻人反复灌输的第三个美德是摆脱憎恨。憎恨与嫉妒就像火焰，烧毁人格的核心，破坏心意的平静。对此，斯瓦米·维韦卡南达说：

> 每一个邪恶的念头都将返回，每一个憎恨的念头——甚至是你在山洞里产生的——都将储存下来，并将在某一天以巨大的力量通过某种痛苦的形式返回到你身上……记住这一点，这会阻止你行恶。

应该避免的，不仅是对某些人的憎恨，而且是对某些群体的憎恨。我们的学生应该被教导不要憎恨或看轻其他社会群体（比如低种姓或高种姓）、其他宗教群体、其他语言群体等。单单放弃憎恨是不够的,还有必要培养博爱的积极态度。室利·罗摩克里希那诞生的主要任务之一,就是在人间确立普世之爱与和谐。在室利·罗摩克里希那和神圣母亲的全球家庭里,你可以看到婆罗门和贱民、印度教徒、佛教徒、犹太教徒、基督徒和穆斯林,西方人、俄国人、南美人、日本人和印度人,他们来自不同地区,犹如同一对父母的孩子那样生活着。室利·罗摩克里希那、室利·莎萨拉达·戴薇的爱与和谐的启示应该进入学生的心灵,防止学生被教条主义的宗教观或狭隘的政治信条污染。

毫无疑问,还有别的美德。但如果学生注重培养上述三大主要美德,那么,他将形成强健的道德品格与高尚的人格。

自 律

道德品格只有在受到自律的支撑时,才会在现实生活中变得有效。自律指的是人通过意志力加诸自身的纪律,而避免自身被他人惩戒。在这个竞争激烈的世界里,如果一个学生想要取得成功,就必须强制自己苦行,依据某些规则与规定来生活。生活中的失败,尤其是学生生活中的失败的一个主要原因,就在于缺乏自律。有很多聪明的学生成绩不好,就是因为他们杂乱无章的生活方式。

自律有两类:身体自律,精神自律。

身体自律包括饮食、睡眠和娱乐有节制,敬业,在学校和公共场所以律己的方式行止。对于学生而言,更重要的是精神自律。

精神自律包括如下措施：

第一，放弃所有导致不必要的精神能量散乱与浪费的行为。读报纸和肤浅的杂志，听收音机里的劣质音乐，看没有价值的电视节目，读犯罪小说，浏览因特网——这一切如果超过限度，不仅浪费时间，而且浪费精神能量。过多的忧虑、沮丧和白日梦也是如此。必须强迫心意专注于固定的对象，而不允许心意游荡，即便专注的对象是个困难或无聊的对象。

第二，适当训练心意，进行系统而逻辑化的思维。学生必须学会如何把获取的知识进行分类，如何把不同的观点结合成一个有意义的样式（pattern），如何把该样式与核心主题相连。学生必须学习如何学习课本，如何做笔记，如何复习考试。很多印度学生依赖于家庭教师来做这些事。

第三，训练心意保持专注。有一些方法可以训练心意专注，学生可以根据自己的性情采取其中任何一种。关于心意专注在教育中的重要性，斯瓦米·维韦卡南达说：

在我看来，教育的精华在于心意专注，而不在于收集事实。如果我不得不重新接受教育，并且如果我对此事有任何发言权，那么我根本不会去学习事实。我将发展专注与不执的力量，然后，我就能以这个完美的工具任意收集事实。

自律的学生将得到内在的自由和内在的力量，二者能使他承担责任，并且无论从事什么领域的工作都能取得成功。那些过着懒惰、毫无规律、放纵生活的学生，将成为自身习惯的奴隶，而且只会为自己和他人制造问题。他们总是试图取悦自身，因此没有人喜欢他们。

服　务

在斯瓦米·维韦卡南达对现代社会思想的诸多伟大贡献中，有两个方面值得在此特别提及。这两个方面：一是把服务作为一种生活方式；二是把服务神圣化。

众所周知，大多数人仅仅关注自己和家人的福祉，只有少数人参与社会服务。但斯瓦米·维韦卡南达认为，社会服务不是一种特殊的活动，仅仅针对一个特殊的人群，而是一种自然而然的生活方式，针对所有人。这是因为，人类社会是个复杂的关系网。每一个人的生活都依赖于诸多他人的劳动，尤其是贫穷大众的劳动，他们构成每一个国家的劳动力。所以，每一个人都对其他社会成员有义务，尤其是对穷人有义务。因而，斯瓦米吉宣称：

> 只要大众尚且生活在饥饿与无知当中，我就认为，每一个人都是背信弃义者，以大众为代价接受了教育，却根本无视他们。

学生也是社会的一员，每一个学生的养育都要依靠其他社会成员的贡献。所以，学生对社会也有义务。许多学生把大量的时间花费在自私的享乐或无所事事上，他们至少可以利用一部分时间为当地穷人服务，或去某个服务机构提供服务。

斯瓦米吉提出的另一个观念是，对穷人和病人的服务不应该出于自我本位的同情，而应该出于谦卑的崇拜。神居于所有人心中，服务于人实际上是服务于人心中的神。斯瓦米吉说："在穷人、弱者、病人心中见到湿婆的人，才真正崇拜湿婆；如果只在肖像中见到湿婆，那就只是初级崇拜。"

力 量

每一个人的生活都充满问题、困难和不确定性。为了面对它们，人人需要的一个特质就是力量——身体力量、精神力量和灵性力量。对学生来说也是如此。力量的观念在斯瓦米·维韦卡南达的启示中占据主要地位，斯瓦米吉有关力量的启示具有两个独特特征。

第一，斯瓦米吉表明，人的性格中的所有缺点，世上的所有恶事，实际上都是由缺乏力量所导致的，他说：

> 要知道，所有的罪与恶都能一言以蔽之——软弱。软弱乃是所有恶行的动力。正是软弱使人伤害他人……

这意味着，为了克服性格缺点，为了过上有道德的生活，大多数人需要的不仅是建议或说教，还需要内在力量的通道。如何获得内在力量，这种力量的源头在哪里？这个问题导向斯瓦米吉关于力量的启示的第二个独特特征。

第二，根据斯瓦米吉的观点：

观念的力量

一切力量都在你自身内部。要相信这一点，不要认为你是软弱的……站起来，释放你内部的神性吧！

《奥义书》宣称，"人通过阿特曼获得力量"（Atmana vindate viryam）。然而在印度，许多世纪以来，这一伟大的思想从未被恰当地理解，也从未被适当地应用于生活，直到斯瓦米·维韦卡南达出现。按照传统的看法，阿特曼仅是无德（nirgune）的，没有任何属性，只不过是不变的目击（观照）。然而，在斯瓦米吉看来，阿特曼是一切力量与荣耀的源头。这意味着，每一个人心中都有无限力量的源头。通常，人们没有意识到这个源头，但如果他们对此有意识，如果他们能够唤醒这个源头，那么，他们就能获得无限的力量。斯瓦米吉在马德拉斯的一场演讲中表达了这一观念，他说："要教会你自己，教会每一个人——真实本性是什么。要呼唤沉睡的灵魂，看着它如何醒来。当沉睡的灵魂醒来，并自觉地行动，那么，力量会有，荣耀会有，善会有，纯净会有，一切卓越之物都会有。"这实在是个奇妙的观念。

第四章
现代世界青年的问题

青年阶级的出现

畅销书《未来的冲击》(*Future Shock*)的作者阿尔文·托夫勒（Alvin Toffler）曾给一些学童分发纸张，让他们写下"未来将会发生的七件事"。学童们聪明又见多识广，写下了一份令人难以置信的清单，上面罗列了各种有可能发生的技术与政治事件，比如中国和俄罗斯于1987年恢复邦交，以及在教室里使用电脑。但托夫勒注意到，没有学生提及未来发生在自己身上的事件，他们说的全都是外在的、客观的事件。于是，他重新发给他们一张纸，并告诉他们："现在，写下七件将会发生在你身上的事。"学生们写了未来的婚姻、朋友、宠物和游戏，但这些个人事件与他们先前如此聪明地预言的外部世界发生的事件没有关系。这表明，他们并不理解自己的生活将如何被周围世界的变化所影响。他们无法将自身与整个世界有意义地关联起来。这是今日青年的主要问题之一，它表明，我们需要更加关注作为一个独特阶级的青年。

"青年"一词指的是人生中的一个阶段,从青春期开始,直到通过职业能力和婚姻而成为成熟、自主、负责的社会成员。就实际情况而言,从18岁到35岁之间的阶段可以视为青年。在青年阶段,前半段——标志着少年时期和父母监管的结束——是人生中最关键的时期,这个阶段所做的事可能决定着人生的整个未来进程。然而,这个阶段直到最近才开始受到特别的关注。

这里的原因不难理解。直到晚近,作为整体的青年并没有独特的身份,青年期仅仅被视为人生中的一个过渡期。青年的问题,比如控制低级本能、适应成人世界、承担责任,被视为个人问题,应该在成人的帮助下由每一个体自行解决。

如今,情况截然不同。青年已经获得他们自己的明确身份,实际上已经成为一个独特的社会群体。今日青年的问题不再是个人的问题,而是整个群体的问题。这个群体已经深刻地改变了全世界的社会结构。对此,我们需要仔细考虑以下三个方面。

第一,在所有现代社会中,经济状况已经有了巨大的改善,青年已经得到了整个繁荣蛋糕的很大一块。到20世纪前半叶末期,青年在社会中的角色主要是工人和生产者,而现在,他们作为消费者的角色已经变得同等重要。大多数社会如今不得不供养一个庞大的青年空闲群体,那些青年不是劳动力,而是消费者。在大多数发展中国家,富裕的浪潮已经把青少年冲刷成了一个引人注目的群体,值得制造业者加以注意。如今,许许多多的商品和物件是为青少年群体专门设计的。娱乐业严重依赖青年人的惠顾。所谓的"青少年市场"的发展已经相当大地改变了现代世界的经济配给顺序。

第二，青年作为一个独特的群体而出现，推行高度的文化统一性。全世界的年轻人都倾向于穿相同类型的衣服（比如褪色的蓝牛仔裤），理相同的发型，喜欢相同类型的音乐、饮料等，并表现出相似的行为模式，比如拒绝传统价值观念、喜欢群居、反叛权威。另一个重要特征是男女性别在角色和态度上的差异缩小。这些普遍特征已经消除了青年人中间的许多社会差异，导致了一个或多或少同质的文化的发展，该文化不受种族、宗教、语言、文化、经济和其他差异的影响，而这些差异将成人世界分层。几乎没有任何东西来区分印度青年与巴基斯坦、英国、美国甚或俄罗斯青年的生活方式。实际上，全世界的青年构成一个国际共同体。

第三，青年作为一个群体形成了一种新的集体力量。在许多发展中国家，这已经具备了相当大的政治影响力，政治家们常常操纵青年来推进他们的目标。在印度，每一个政党都有其青年派系，这些学生联合会之间的竞争是大学校园暴力的主要原因之一。

两个阶级的青年

然而，在对青年，尤其是对印度等发展中国家的青年的特点做出概括时，我们应该小心谨慎，因为在这些国家，社会高度分层，两个主要的社会阶级——劳工阶级和中产阶级的文化、态度、抱负和行为模式大为不同。大多数人居住在农村，劳工阶级主要包括农业劳动力、农村工匠和工人。劳工阶级的青年通常在较少的父母约束和社会限制中成长，他们的生活较少抑制或压抑。他们早早就习惯了艰难、不安全和被忽视，他们追求直接的目标与满足，较少依赖文化要素。在印度，劳工阶级的农村青年大多数没有受过教育，像长辈一样受制于传统，几乎没有受到工业化和城市化的影响。

与他们相反，中产阶级的年轻人在更多纪律，但更舒适和世故的环境中成长。他们被要求能控制自己的本能，让自己的生活符合一些社会认可的习惯、习俗和礼仪，并依据长期目标来安排生活，延迟享受。文化要素在他们的生活中扮演着支配角色，他们倾向于同等地重视表达和经验。

1.劳工阶级青年的问题

显而易见，上述两个阶级的青年之问题有所不同。劳工阶级青年的问题主要是经济问题。他们更加自力更生，愿意做任何种类的工作。他们仅仅需要简单的技能训练、更多的工作机会和更高的薪水。当他们的主要需求，即衣、食、住得到满足，他们就感到过上了满意的生活。劳工阶级的违法行为主要是临时起意，比如盗窃和轻微罪行。只有当他们被政治家或劳工领袖煽动并组织起来时，才会诉诸大规模的暴力。

穷人的发展是所有发展中国家面临的一个重要挑战。这个问题的重要性可从如下事实来估量：在印度，至少有2.5亿人被认为生活在贫困线以下。事实证明，错误的政策为大众带来许多伤害。

在印度，穷人发展的问题因为两个要素而变得困难。其

第四章 现代世界青年的问题

一是中产阶级的兴起。一个日益壮大的中产阶级的产生,是印度自独立后采取的经济政策所取得的总体成就。在资本主义国家,权力受制于富裕的上层阶级,在社会主义国家,权力掌握在劳工阶级或无产阶级手里(至少在理论上如此);但在印度这样试图结合资本主义与社会主义的国家,权力集中在中产阶级手里。在这样的国家,资本和企业家要么由富裕的上层阶级提供,要么由政府提供,但受益的却是中产阶级。夹在上层阶级和下层阶级之间的中产阶级充当巨大的过滤器,阻碍了繁荣的果实抵达贫苦大众。这解释了一个悖论:虽然印度是个重要的工业大国,生产了足够用来出口的食物,但是大约25%的人口仍然生活在贫困线以下。

穷人享受不到自己国家的财富,这是经济上的异化。在印度,这与种姓上的异化混合在一起。劳工阶级中的大部分是无种姓之人,他们没有印度文化的平等待遇权和选举权。直到半个世纪以前,在这些人中,有些人的祖父可以逃到斐济和西印度群岛,但在今天,他们不得不生在祖国,死在祖国(今天移民的是中产阶级的知识分子)。

经济异化和种姓异化,这两者是印度劳工阶级青年面临的主要问题。事实上,这一境况依旧存在,尽管印度有议会民主、独立的司法制度、自由媒体和浮夸的政治意识形态。这表明,穷人(无论老少)的问题无法单靠教育和文化手段轻易解决。除了发展一种本国的生活哲学和一个强烈而统一的政治意志,解决上述问题还要求在草根层面重建国家经济,并发动整架政治机器来完成这个至关重要的任务。

2.中产阶级青年的问题

我们主要关注中产阶级青年的问题,他们的问题主要不是经济问题,而是:生存论问题和文化问题。

虽然这些问题是现代社会环境的产物,但它们在很大程度上可以通过大学、旅社、青年俱乐部、青年露营、教会和静修所的个体咨询和制度咨询来应对。生存论问题主要有三类:

(1)社会青春期

在原始共同体中,青年不是被视为人生中的一个过渡阶段和社会的一个责任,而是被视为个体力量与事业的巅峰。

首先,在青春期和婚姻之间,时间上有个比较长的跨度。虽然大多数国家的法定结婚年龄是女性年满18周岁,男性年满21周岁,但婚姻通常大大晚于法定结婚年龄。然而,这不是个新的现象,历经许多个世纪的发展,人类社会已经形成了若干社会防护措施,使这个重要时期没有张力。但在所谓的现代"纵容的社会"里,那些防护措施要么被任性地破坏,要么不再适用。一方面,年轻人接触到种种伪装与诱惑,并有较大的自由、较多的闲暇和财富用来放纵,另一方面,传统社会的道德、法律和制度约束依旧存在。这种社会状况在年轻人的心中制造了道德矛盾心理、罪感和冲突。

其次,人类知识日益丰富,工程学、医学和其他职业对专业技能的需要,以及商业和技术的复杂性已经大大增加,以至年轻人被要求经历长期的教育、训练、见习期和研究,才能获得职业能力和社会地位。

晚婚和对父母或社会的经济依赖使青春期延长，远远超过了生理成熟的年龄。这种人为延长的心理青春期称为"社会青春期"（social abolescence）。现代大学生表现出来的大部分在家的失控行为、校园恶作剧、引诱教师、骚扰女性、喧闹、粗暴行为、有组织的暴力和其他形式的反常行为，仅仅是社会青春期导致的原始冲动受挫的残酷表达。

社会青春期也许是个重要的、不可避免的社会化过程。然而，还有两个要素让它变得更加复杂：成功与竞争。达尔文主义的生存斗争理论在动物层面无疑是正确的，但现代技术已经取得了如此大的进步，以至人类社会目前可以为所有社会成员提供足够的食物、衣物和住所，而不需要竞争。然而，人们还是彼此竞争。不仅如此，竞争精神甚至在童年就被反复地灌输和强调，以至成了主要的动力，无情地驱使着儿童和青年去完成学习与竞争。不断的竞争在青年人心中制造了一种深刻的不安全感。阿德勒（Alfred Adler，曾是弗洛伊德的弟子）认为，这是神经症的主要原因之一。当代著名心理学家罗洛·梅（Rollo May）评论道：

在我们的文化中，竞争成功（competitive success）这一价值观被过分重视，而由失败的可能性所引发的焦虑是如此频繁地出现，以至我们有理由认为，个体的竞争成功既是我们文化中的主导目标,又是最普遍的焦虑原因。①

人们为了什么而竞争?通常的答案是:为了成功。对此,美国社会心理学家阿布拉姆·卡丁纳(Abrahm Kardiner)做了如下重要评论:

因而,西方人的焦虑与作为自我实现形式的成功有关,就像中世纪人的焦虑与拯救有关。②

对于穷人,成功意味着获得足够的衣食和良好的生活伴侣。

对于灵性人士,成功意味着觉悟神和获得拯救。

那么,其他人,尤其是中产阶级和上层阶级的人所谓的成功指的又是什么?拥有巨额银行存款?能够和别人攀比?升职?世俗的成功是个永无止境的目标,总是抓不牢。斗争与竞争是因为人不知道是什么③让生活变得没有意义。这引向现代青年面临的第二个问题。

(2)寻求意义

近年来,"成功"一词正在被重新定义。现今,成功不

---

① Rollo May, *The Meaning of Anxiety* (New York: Ronald Press Co., 1950), p. 153. 罗洛·梅在该书中进一步表明,竞争成功在欧洲文艺复兴期间作为目标而出现。正如马克斯·韦伯的《新教伦理与资本主义精神》所表明的,竞争成功的观念是新教留给西方文化的遗产。

② Abraham Kardiner, *The Psychological Frontiers of Society* (New York: Columbia University Press, 1945), p. 412.

③ 或者套用福克纳(Willian Faulkner)的生动表达,"冲向虚无的疯狂越野障碍赛"。

仅指获得财富,而且指拥有幸福的家庭生活、拥有许多可靠的朋友、实现创造力和精神抱负、为他人谋福祉、致力于有价值的事业——简而言之,让生活变得有意义。成功人士就是让自己的生活有意义的人。尽管人类数千年来一直在追寻生活的意义,然而,"寻求意义"(search for meaning)这一措辞在20世纪50年代才由维克多·弗兰克尔(Viktor Frankl)普及开来,他在纳粹集中营里的经历让他相信,人类的基本追求是弄清生活的意义。意义是什么?意义是确立某个客体或观念与人的自我之间的关系。与某人的自我没有关系的任何活动、知识或客体对此人而言似乎就是没有意义的。对意义的寻求只是人更大的追求——实现真我——的一部分。青年是这种追求开始的阶段,在这一阶段,甚至连看法、观点的轻微扭曲也能让整个充满希望的人生变得没有意义。

在现代生活方式中,有若干要素导致青年人感到没有意义。

首先是一个事实:在学校和大学里获得的大部分知识对于解决人生问题几乎没有用处。这些知识并没有给予青年人以力量、勇气或智慧去应对他们的内在冲动,去承担责任,去面对紧要状况。一个人所接受的教育常常被证实和他从事的职业无关,比如,一个生物学毕业生最终成了一名银行职员,或一个物理学研究生成了一名警长。

其次是一个令人震惊的认识:人类生活本质上是矛盾的。青年人很快就会发现,他们的许多希望与抱负不会得到实现,他们编织出来的真、善、美的愿景是海市蜃楼,在人的外表和实质、言语和行动之间存在着巨大的鸿沟。童年的创伤经历，家庭生活的分裂，诸如恐怖爆炸、社区骚乱等暴力行为逐渐损害了青年人心中的安全感和永恒感，把他们留在没有意义的空虚之中。

诚然，现代教育中有个积极因素，激励着青年人寻求意义，那就是科学。科学正在扩展人类知识的边界，揭示实相的新维度。天体物理学、原子物理学、分子生物学和其他科学分支的发现正把一些青年人的心灵吸进美丽而神秘的新景象之中。

然而，在印度，致力于追求科学的青年人很少。甚至在他们那里，除非终极真理或实相与个人生活之间的关联得到理解，否则，单单追求科学无法让生活变得有意义。此外，海森堡（Heisenburg）的测不准原理（Uncertainty Principle），哥德尔（Godel）的不完全性定理（Incompleteness Theorem），贝尔定理（Bell's Theorem），宇宙中的暗物质与暗能量的发现，以及其他发展已经表明了科学的限度。科学只能指向一个未知且不可知的终极实相，而无法让我们认识它。

一方面，科学已经侵蚀了青年人对宗教发展出来的传统实相观和价值观的信仰。另一方面，科学指向一个未知的实相，它似乎过于遥远和神秘，不能成为人生目标，而且它没有提供一套令人满意的新价值观来取代既有的那套价值观。没有可达到的更高目标和崇高价值观，生活就变得没有意义。

（3）异化

对意义的寻求引导一些青年人走向更高的实相，而另一个社会过程则导致许多青年人远离自然、远离自身。后一个过程称为自我异化，正在工业化社会中变成一个重要的青年问题。自我异化指的是人格方面存在的分裂，即人的身体活动与精神活动疏离人的自我。自我异化的标志如下：对职业缺乏兴趣或投入，缺乏创造力，缺乏自我认同、自我定向和自我实现。自我异化主要有三种：智性异化、情感异化、灵性异化。

第一，智性异化。在智性异化中，人的智性生活——思考、学习和认识——依靠自身的动力进行着，与自我无关。人的智性活动不是他的精神渴望或创造冲动的表达，而是他的学习与阅读的结果，或是从他人那里舶来的观念。

智性异化的原因之一是在大学里选错了学科，或在职业上入错了行。如果一个天生喜欢并倾向于操作机器的学生被父母强迫学医，那么他的心就不在医学学科上，当他成为一名医生，他的职业动机将只是赚钱。他的智性生活将与他的心灵保持疏离。这解释了印度学术圈为何缺乏原创的思想与研究，中国学者每年发表的学术论文是印度学者的两倍。

智性异化的另一个原因是，在150多年的时间里，印度的学校和大学追随西方教育体系，将自我知识排除在外。从托儿所直到博士层次，学生们获得的仅仅是不同种类的客观知识。他们追求工程学、医学、贸易学、史学、社会学和其他领域的客观知识，因为这些客观知识能让他们找到工作和获得财富。这没什么错，只有当人们宣称，这种客观知识是唯一的真知，是唯一值得追求的东西时，问题才会出现。幸运的是，近年来，人们对意识研究的兴趣增大，并越来越认识到自我知识在取得成功方面，甚至在世俗生活方面的重要性。

自我知识有两种——下层的和上层的。下层的自我知识是有关心意在无意识和显意识领域之运作的知识，即有关本能驱力、压抑、升华和其他心理过程的知识。上层的自我知识（真我知识）是有关人的真我的知识，真我是阿特曼，具有纯意识、喜乐与灵性力量的本质。

这两种自我知识对于克服智性异化（以及接下来讨论的情感异化）都是必要的。

第二，情感异化。"情感"一词不仅包括感情和情绪，而且包括冲动、驱力和刺激。情感有两类：好的、积极的或建设性的，以及坏的、消极的或破坏性的。所有的情感，无论好坏，都有两个共同特征：其一，它们扰乱身心；其二，它们聚焦于某个对象或人。

情感使我们和他人发生关系，我们的大部分人际关系具有情感的性质。有时，我们和他人的情感纠缠是如此深刻（以执着、憎恨或恐惧的形式表达出来），以致我们疏离了自己的人格核心——真我，这便是情感异化。

有时，自我憎恨或对真我缺乏爱会表现为爱他人。这样的人的爱具有占有性质，而不是基于自由和相互理解。不仅如此，爱的关系通常建立在错误的自我——私我之上。这种爱肤浅而无常，不断地变化，甚至有可能变成憎恨。异化的爱是家庭成员或朋友之间误解和争吵的主要原因之一。真爱是真我的表达，是所有的自我在至上真我之中合一的表达。真爱是真我与真我的一种深刻交往，不变而持久。真爱不是以他人为工具，而是以他人为目的，不是以他人为占有或利用的客体，而是以他人为尊重和认同的主体。然而，为了拥有这种真爱，一个人必须对作为阿特曼的真我拥有直接经验或深刻确信，而且必须摆脱情感异化。

情感异化的第三个原因是罪感，由坏的思想与行为产生，或由阅读邪恶书籍、在电视或电脑上观看邪恶影像产生。

情感以前被视为有效工作和有效管理的障碍，但随着对"情商"认识的深入，情感开始被认为在个人生活以及社会生活、官方生活和公共生活中扮演了重要的角色。情感整合（emotional integration）如今成了人格发展的一个重要方面。

第三，灵性异化。灵性异化是私我与灵魂分离。灵魂是什么？我们说的"灵魂"指的是我们的真我，而我们说的"真我"指的是我们对存在的觉知，它是我们所有的经验与知识背后的基本觉知。甚至连小婴儿对自己的存在也有觉知，随着长大，他获得不同种类的知识，还创造不同种类的私我。但在所有不同种类的知识与私我背后，是"我知道"的觉知——"我知道我存在""我知道我知道""我知道我快乐"。这种自我觉知是固定不变的。在我们的一切行动与思想背后，有内在于我们的"某人"——始终存在、不变不移的目击者或观照者（sakshi）。"某人"就是我们的真我，称为阿特曼。在印度思想中，"灵魂"一词指的正是阿特曼，它是我们的人格除了身心之外的第三个部分。

斯瓦米·维韦卡南达反复指出，对"灵魂"的这种理解，也就是把灵魂理解为阿特曼，是印度圣人在大约四千年前提出的。每一个人，无论属于什么宗教、种族和性别，甚至连无神论者或唯物论科学家，都有内在的目击者的真我或阿特曼。真我无须任何证据或经典来支持，诚如8世纪的导师商羯罗（Shankaracarya）指出的，目击者的灵魂或阿特曼的存在是个自明（svatah siddha）的事实。

然而，只有阿特曼的存在（astitva）是自明的，而阿特曼的真实本性不是自明的。我们内部的这个目击者的真我或阿特曼，其真实本性是什么？在此，我们不得不诉诸称为《奥义书》的古印度经典的帮助。根据《奥义书》的说法，阿特曼的真实本性是纯觉知（chit）或意识（chaitanya）。再者，这种不可分的意识是称为"梵"的无限意识的一部分，"梵"是宇宙背后的至上实相或至上真我（至上阿特曼）。通俗术语"神"指的就是梵或至上阿特曼。

因为个体灵魂是至上大灵或神的一部分，所以人的真实本性是神。这意味着，人的心中有个神圣的中心，在那里，神作为内部控制者栖居着。所谓的"灵性异化"，就是私我与内部神圣中心的疏离。灵性异化不仅是疏离人的真我或灵魂，而且是疏离神。

灵性异化在全世界十分普遍，甚至可以在所谓的宗教人士身上看到，他们信仰上帝，但并不追寻真我，而是满足于遵循特定的习俗与节日。在很多这样的人那里，"离教堂越近，离上帝就越远"的说法似乎是对的！诚如斯瓦米·维韦卡南达指出的，真宗教是个人对终极目标或生命意义的探求。即便不进行这样一种个人探求，也需要知道，宗教的真正本质或内核在于灵性，斯瓦米吉把灵性定义为"永恒的灵魂与永恒的神之间的永恒关系"。参拜寺庙、清真寺或教堂，履行参与某些仪式，遵循某些习俗——这些仅仅构成宗教的外壳。宗教的本质在于克服灵性异化，这需要觉悟个体真我与称为"神"的至上神圣真我不可分离。

灵性异化的主要原因是无知（无明），也就是对如下事实无知：人的真实本性既非身体，也非心意，而是称为阿特曼的灵魂，神作为至上大灵或至上阿特曼居于灵魂之中。大多数人，包括受过教育的宗教人士，不知道自己内部有个神圣的中心，他们向外部寻求的所有知识、爱、力量、喜乐、美，其实就在他们内部的神圣中心里面。

灵性异化的另一个原因是对神或神的存在丧失了信仰。这种信仰的丧失可能是长期的消极人生经历所造成的，比如痛苦的疾病、失败、剥夺、忽视、不公、残酷、生活矛盾等。人们常常因为自己的人生苦难和失败而责备神。

在现代，灵性异化被今日社会的快节奏生活强加在人们身上。在城市里，我们发现到处人们都是那么忙碌——赶火车、汽车或出租车，在办公桌、商店柜台或问讯处接待顾客，医生忙着处理紧急病例，律师忙着准备开庭审理，学生忙着复习考试，管理人员忙着计划董事会会议，计算机操作员忙着处理大量数据。他们是如此忙于应付外部事物或人，以致没有时间或意向去思考灵魂或神。

忙碌没什么错，在今日世界里，几乎没法避免忙碌。如果不努力工作，如果不面对问题与困难，就无法在任何行业得到有价值的东西。真正的困难在于，人们所做的工作是由自私、自我本位和竞争所驱动的。这种工作压倒他们，导致不必要的紧张与压力，让他们与灵性港湾疏离。如何才能高效而满足地努力工作，又不丧失平衡，没有不必要的紧张与压力，不会感到疏离灵性真我？这是今日世界的大多数人不得不思考的问题。

甚至在日常生活中，我们也会遇到一些人，他们高效地做着大量工作，同时保持平静，不受周围喧嚣的扰动。如果我们研究他们的生活，就能看到，首先，他们工作而没有利己的矫饰与竞争。其次，尽管他们可能对阿特曼一无所知，但他们以某种方式在灵魂深处找到了力量与平静的源泉，并且立足于这个内部地带。他们中的有些人感到神在灵魂之中，这使他们能够内心安定，不被生活的旋涡卷走。

如何克服灵性上的自我异化？如何获得自我整合，过上整全、自我驱动、自我引导的生活，并且立足于神的临在，服务于所有人心中的神？

自我异化的主要原因在于无明，也就是对真我——阿特曼的真实本性无知。正是无明、不净、没有觉醒的私我疏离了阿特曼。这里谈到的无明不仅仅是智性无知或缺乏知识，因而，无明不能通过听闻或阅读来移除。它是"生存论上的"无明，即私我与生俱来的无知。斯瓦米·维韦卡南达将这种与生俱来的无知比作一个黑暗的屏障，遮住了光源，屏障上面有个小孔，一丝光线从小孔穿透进来。随着小孔被逐渐扩大，越来越多的光线穿透进来。同样，随着遮蔽阿特曼的无明被逐渐移除，阿特曼之光越来越多地照射进来。

移除无明的过程就是人们称为"瑜伽"的灵性训练。主要有四种移除与生俱来的生存论上的无知的方式，相应地，主要有四种瑜伽：行动瑜伽（Karma Yoga），胜王瑜伽（Raja

Yoga），虔信瑜伽（Bhakti Yoga）和智慧瑜伽（Jnana Yoga）（这四种瑜伽将在本书其他章节进一步讨论）。除了这四种主要的灵性训练，每一项活动都能当作瑜伽来履行。事实上，根据斯瓦米·维韦卡南达的观点，人的整个生活都能转变成不间断的瑜伽。完成这种转变之后，整个生活就被圣化了，所有形式的自我异化都已消失不见，整个人格完全得到整合。

疏离自然

在称为《吠陀》的古印度经典中，我们可以注意到一个独特之处，就是人与自然的美妙和谐。在称为《梨俱吠陀》的最早的《吠陀》中，各种自然力量，比如太阳、水、火、黎明、风等，被人格化，并被当作神明来崇拜。整个宇宙被认为展现着至上大灵的荣耀，"这一切都是祂的荣耀"（eta-vanasyamahima），《原人歌》（*Purusha-sukta*）如是说。《薄伽梵歌》反复谈到神显现在自然中的力量或荣耀。梵或至上实相（俗称为神）被认为无处不在，整个自然充满神圣的意识与力量，因而在印度，自远古时起，某些高山、大川、树和草就被崇拜，或被认为是神圣的。人类生活被视为宇宙生命——普拉那（Prana）不可分割的部分。古代圣人们对自然热切关注，人们总的来说与自然和谐相处。

但在中世纪，有两种消极观念主宰了印度精神：一是生活只不过是无尽的痛苦；二是这个世界是虚幻的。这两种消极观念导致人们忽略生活，对自然缺乏兴趣。印度和西方文化的接触只是强化了这两种消极观念。印度独立之后,一方面是快速的城市化和工业化,另一方面是对竞争考试和消费主义的强调,让印度青年疏离自然。依据最高法院的指令,"环境研究"作为一门学科纳入学校课程,旨在向青年人灌输保护环境、远离污染与破坏的重要性。

如何才能克服对自然的疏离,并代之以与自然和谐相处的观念?这种观念如何才能成为社会现实?往这个方向迈进的第一步便是,激发青年人思想中对自然的不同方面产生积极兴趣,比如山川、树、花、鸟、星辰。印度有着世界第二的生物多样性,仅次于印度尼西亚,可是,我们的青年人有多少说得出印度本土的六种花树或六种鸟儿的名字?印度科学家在航天技术上取得了惊人的进步,可是,有多少印度青年人说得出太阳系四颗最大行星的名字,或认得出天空中的五个星座?

然而,单单知道自然物的名字是不够的,我们需要的是与自然建立的一种关系,这种关系可以是:作为自然爱好者或博物学家(19世纪产生了几位著名的博物学家,比如W.H. Hudson和John Muir);作为科学家(动物学家或植物学家);作为生态学者或天然资源保护论者;作为艺术家;作为见多识广的公民,理解保护环境的重要性;作为"自然神秘主义者"。

神秘主义有以下三种:

神灵神秘主义(God mysticism):经验到神的不同方面。

灵魂神秘主义(Soul mysticism):经验到阿特曼–至上阿特曼。

自然神秘主义（Nature mysticism）：经验到生命的大一；和宇宙普拉那的寂静交流。

前两种经验只发生在少数个体身上，他们花费多年时间经历了彻底的净化和灵性训练。相反，第三种自然神秘主义可在任何人身上发生，通常发生在青春早期，尤其是青少年时期。这是一种自发的经验，在此期间，你感到自己是宇宙生命不可分割的部分。诸如华兹华斯（Wordsworth）、泰戈尔等诗人在作品中描述过这种经验，这是与自然和谐的最佳方式。不幸的是，今天的许多青年人不知道这种经验，其中有些人确实拥有过，但却忽略了。

我们要参与自然。单单对自然怀有某种"兴趣"是不够的，我们必须具备参与自然的意识。宇宙中有股连绵不绝的能量之流，根据热动力学第二定律，有一部分能量不可挽回地丧失了。在物理学层面，自然通过水循环、氧气循环、碳循环和其他模式的物质补充而自我更新。在生物学层面，生命通过个体生物的贡献而自我更新。所有的树木、草本植物、动物，甚至细菌，都向宇宙生命贡献着什么。向宇宙生命索取的，必须返还给它，这便是祭祀法则。

人类的社会生活能够持续下去，是因为无数人通过行动向宇宙生命贡献了他们的能量，他们主要是不知不觉地、无意识地这么做。在吠陀时代的古印度，人们履行称为"祭祀"的火仪式，正是为了认识生命的祭祀性质。作为自我牺牲的"祭祀"观念在《薄伽梵歌》第三章和第四章有所讨论。《薄伽梵歌》（3.9）说："只有（自私地）不顾祭祀法则履行的行动，才会导致束缚。要把所有的行动作为祭祀，也就是作为自我献祭来履行。"

《薄伽梵歌》把属人层面的祭祀和宇宙层面的祭祀联结了起来,它说:"所有食物皆来自宇宙之水,宇宙之水来自宇宙之火,宇宙之火来自宇宙行动,行动来自梵。这些变化全都基于祭祀法则。"(《薄伽梵歌》3.14–15)

总结起来。

第一,要把人类生活看作与自然不可分离。人类生活要依据自然法则和生物节律来度过。人的消费应该以某种方式进行调整,使之导向自然的补充,而非自然的耗尽。

第二,要把个人生活看作参与宇宙祭祀或献祭。要把每一项活动视为宇宙祭祀的祭品。我们应该为了全体的福祉而献祭自私与自我本位。

第三,具备接纳生活的态度。生活充满二元性,比如乐与苦、成与败、得与失等,要平静地接受所有二元性。

第四,对自然有积极兴趣。要培养诸如种花或园艺之类的兴趣,收集植物标本、旅行、观鸟、看星等。

第五,尤其是,要时常沉思生活与存在的奥秘,以及生命的意义与目的。

在生活中遵循上述原则是克服与自然的疏离,并与自然和谐相处的最佳方式。

今日青年的其他问题

1.教育

对于现代青年,教育无疑是最大的挑战、核心关切、共同关注点。这个挑战始于托儿所。印度的教育体系既没有理想（比如追求知识、真理或价值观）引导，也没有意识形态作为基础。它在根本上被设计成了对成功的竞争驱动。儿童和青少年在每个教育阶段被迫学习很多课业，以致大多数孩子如果没有课外辅导，就无法理解课程。结果是，课外辅导如今变得比学校或大学教室里的正规教育还要重要。除了教师在家中进行的私人辅导，许许多多的课外辅导中心正在全印度运作。

这种"私教"有两个缺点。首先，这样获取的知识是碎片化的，仅仅是为了通过考试，而不是整全的知识，也不是基于观念的相继发展。其次，这种填鸭式教育妨碍学生培养独立、原创的思维。印度学生独立思维的缺乏在国际竞争中暴露无遗。至少在大学层面，填鸭式教育必须被制止，学生应该培养自学的能力。

近年来，各种电子设备正被投入教学。这种多媒体教学模式可能会成为接下来几十年的标准教学模式。这没什么错，但同样重要的是增强学生理解或领会更崇高的观念，尤其是精微真理的能力。在印度思想中，使人领会精微真理的官能被称为智能（medha）。智能在大多数人身上是不发达的，教育的主要任务之一应该是发展智能。

还有些训练有助于发展我们的高级智性力量，其中之一便是不纵欲（brahmacharya），意味着控制性本能。性本能在青春早期开始发展，在正常的生活中，它不会造成大问题。但在现代，由于生活的商业化，性本能已经开始对许多青年人的思想和行为产生相当大的影响。性消耗精神能量，减少高级智性力量与记忆,削弱内在的活力与信仰。许多青年人不知道这个事实,然而,当他们开始在几个月或几年里体验到修习不纵欲的好处,他们就会信服。不纵欲不仅仅针对僧人和苦行者,尤其为学生所需。

另一种增加高级智性力量的训练是禅那(dhyana)或"冥想"。冥想完全不同于普通的专注,比如钟表匠、脑外科医生或电脑程序员所表现出来的那种专注。普通的专注主要是一种无意识活动,在此之中,吸引注意力的是客体。相反,真正的冥想是一个全然有意识的、自我引导的过程,在此之中,冥想者专注于单一的客体,并将念头导向该客体。冥想通常由灵性追求者修习,但如果学生修习冥想,那么他们将获得巨大的益处。冥想可以中和"注意力缺陷综合征",后者如今已经成为电视迷们的普遍问题。关于专注在教育中的重要性,斯瓦米·维韦卡南达说:

在我看来,教育的本质是专注心意,而非收集事实。如果我不得不重新接受教育,并在这件事上有任何发言权,那么我根本不会去关注事实。我会发展专注和不执的能力,然后,我就能以这件完美的工具任意收集事实。①

上述两种训练应该受到第三种训练的支撑:拥有一个统一的目标或理想。在今天,学生的心意中塞满了太多不同的观念与理想,它们来自网络、电视节目、纸质媒体、商场、

---

① *The Complete Works of Swami Vivekananda*, 6:30.

朋友、派对等。太多的散乱在心意中制造混乱状态，浪费精神能量。然而，在今日社会的普遍状况下，散乱无法完全避免。应对此种情况的方法就是，围绕着一个崇高理想组织整个精神生活，让所有的智性活动和情感活动朝向一个终极目标。

对此，让我们来看看20世纪80年代著名的犹太导师怀斯拉比（Rabbi Stephen S. Wise）说了什么：

> 致力于某种伟大的东西，举起某项崇高事业的旗帜，选择某个自我牺牲的标准，归属某项运动，该运动不是为了你自己的利益，而是为了全体人的福祉，那么，你将展开一场令人满意而又引人入胜的冒险……要敢于用你的全部生命力去推进一项伟大的事业。要让某种如此崇高而高贵的东西进入你的生活，以至它会逐出一切低级而鄙陋的东西。

2.多样性，短暂性，身份危机

人类社会当前发生变化的速度和多样性实在令人惊讶。这些变化正在改变着人类文化的样式，也许是文明发展的方向。这些变化无疑在诸多方面让人类受益，但它们也制造了新的问题或挑战。在这些新的问题中，有三个问题直接影响着青年人。

第一，现代的通信与旅行模式正在前所未有地拉近人们之间的距离。在拥有全世界最大的人群多样性的印度，属于不同的语言、宗教、地区、社会和经济群体的人们在教育、体育、商业、管理和社会生活领域彼此之间的距离正在拉近，但身体距离的拉近尚且没有导致精神距离的拉近。虽然人们在彼此连接上有了较大的改变，但在相互理解、爱、合作或服务态度上并没有相应的改变。

第二，快速的变化已经让人际关系变得短暂、临时化和肤浅。人们没有时间去理解他人，建立人际关系，与他人分享思想或情感。夫妻关系、亲子关系、朋友关系、同事关系、邻居关系，这些全都在丧失长期感或"持久"感，并由此丧失神圣感。

第三，身份问题。当关系太多太随意，一个人就难以认同任何特定的文化或社会。这是目前正发生在印度很多青年身上的情况，尤其是那些富裕阶级的青年。他们中有许多人似乎成长在文化真空之中，尽管他们所生活的社会是印度社会，但他们所遵循的社会习惯、风俗和价值观却是西式的。在这种状况下，他们既不能认同于印度文化，也不能认同于西方文化。

此外，由于我们目前普遍遵循的西方教育体系没有自我知识的位置，所以几乎没有青年人试图理解自己的真实身份。但如果没有明确的自我认同，就不可能与别人建立可靠而持久的友谊或关系。事实上，青年人常常产生消沉和忧郁，其主要原因之一在于缺乏明确的自我认同，以及不能与他人建立可靠的关系。

自我认同的追求乃是基本追求，它激发了古印度圣人进行哲学研究，这些研究被记载在称为《奥义书》的系列典籍中。就像人人能学希腊哲学或佛教哲学，《奥义书》也人人能学，《奥义书》中包含的哲学被称为吠檀多。

第四章 现代世界青年的问题

按照斯瓦米·维韦卡南达的解释，吠檀多哲学基于两个普遍的根本原则。

第一个原则是，我们所称的私我（ego），即身心的结合体，不是我们的真我。我们的真我是称为阿特曼的内在之光。阿特曼具有纯意识的本性，事实上，正是这种纯意识作为内在之光闪耀着。正如电流无处不在，但在灯泡中作为光而闪耀，同样，意识无处不在，但作为内在之光在心脏部位闪耀。身心变化无常，终会消灭，但阿特曼不变，是永恒、不朽、持存的。它在人人身上都是一样的，无论人们信仰何种宗教。阿特曼乃是我们的真实本性，我们的真实身份。

吠檀多的第二个根本原则是，所有的个体真我都是无限意识的一部分，无限意识被称为至上真我、至上阿特曼或梵，俗称神。就我们的真实本性而言，我们全都在神之中合一，这意味着，每一个人都具有相同的普遍身份。

这一理解让我们能够爱所有人，与所有人合作。无论他是印度教徒、基督徒，还是穆斯林，无论他是印度人、中国人、美国人，还是俄国人，无论我们与他的接触是短期还是长期，我们都能在永久的基础上与所有地方的所有人建立真正的爱的关系。

第五章
以无私服务传导青年力量

青年力量的崛起

虽然在发达国家和发展中国家，青年在社会构成中所占的百分比不同，但在全世界，至少有一半的活力和劳动力由青年提供。然而，直到20世纪中叶，青年一直没有独立的身份，青年力量完全受到社会年长成员的控制和操纵。不过，从20世纪中叶开始，在青年中间有了一股觉醒浪潮，该浪潮的冲力稳步增强，到目前已经让青年力量成了今日世界社会动力中的一股巨大力量。在世界范围，青年在社会与政治工作中承担更大的责任，并享有更大的权力。他们已经意识到，未来属于他们，他们不想让年长者为他们塑造未来。他们的要求不再被忽视，也无法被忽视。

任何群体要获取力量，就必须具备以下三个条件：知识、自由、集体性。

以往时代的青年在很大程度上不具备上述三个条件。在

第五章 以无私服务传导青年力量

现代，青年力量的崛起成为可能，是因为这三个条件已通过三个社会因素得以实现。

教育给予青年以知识，而知识就是力量。历史研究让青年看到过去的错误。科学研究让青年的头脑摆脱迷信，培养了一种理性的态度，并教会他们如何控制自然力。经济学、社会学和政治研究，以及通过大众媒体对当代事件的了解让青年意识到社会不公，意识到观念的力量，意识到组织与协同努力的力量。最重要的是，科学与技术，尤其是信息与通信技术的新近发展，几乎把无限的力量交到了21世纪青年的手里。

今日青年享有的自由程度是中世纪的青年无法想象的。得益于技术与工业化的发展，现代青年拥有更多的闲暇，更大的经济安全，更好的旅行与通信模式。他们无须作为封建男爵或地主的农奴干苦力活，而是可以有尊严地自由行走，要求基本的权利。他们可以自由吸收整个人类的知识。

城市化将许许多多的人聚集起来。在大学、工厂、营业场所、政府办公室、社会与政治场所，青年有机会彼此认识，一起工作和生活。这种相处在青年人中间产生了一种共同身份，以及一种集体力量意识。

青年力量能以建设性或破坏性的方式导向人类的丰富或贫困。20世纪60年代早期，当校园动荡席卷法国、意大利、日本和美国，青年的破坏性力量得到了显著展示。伊朗的Khoemeinian革命主要由青年开展。同时，无数的青年男女在工厂、办公室和服务机构辛勤工作，制造许许多多的日用品，为人类服务，并以无数方式致力于人类的健康、繁荣与幸福。所以，显而易见，人类社会的性质与发展在很大程度上取决于青年力量被驾驭和传导的方式。

青年力量：神话与现实

青年力量不是一种无生命的力量，像电或核能那样可以通过机械手段来操纵。青年力量是一种活生生的力量，源于有意识的、文明的人类。为了理解它，我们必须理解"青年"一词的含义。

我们谈论"青年"和"青年力量"的方式就好像它们是固定的现实似的。然而，青年是个固定的实体吗？众所周知，"年轻"和"青春"这两个词适用于个人生命中的一个短暂的阶段。生命经历着不断的变化，没有人永远年轻。现在的老人过去是青年，而现在的青年将变成未来的老人。

在整个宇宙中，唯有一物永恒不变，那就是阿特曼，即人的真我。《奥义书》频繁地提到阿特曼，把它称为不老者（ajara）[①]。唯有阿特曼永远年轻。当一个人说"我"时，他指的是他的阿特曼，而不是他的身体或心意。在身心的所有变化中，有一个不变的"'我'意识"。阿特曼是人内部唯一的意识之源。虽然身体和心意有着复杂的构造，但它们只是粗糙和精微形式的物质，阿特曼的意识赋予它们活力，它们只是显现阿特曼之力量的工具。所以，真正的青年力量是阿特曼的力量。

---

① 《大森林奥义书》4.4.25；5.14.8。

第五章　以无私服务传导青年力量

那么，我们将之与青年人的身体联系起来的那种青年力量是什么？它是个神话。我们在此特意使用"神话"一词，不是在想象或迷信的通俗意义上使用，而是在现代心理学家和社会学家所指的意义上使用。简单地说，神话是对超越逻辑的经验之象征性表达，以恒河为例，我们今日所称的恒河明天将汇入印度洋，然而，我们还是把流进某个地理区域的水流称为"恒河"。同样，我们眼里的青年是个神话，是个不断变化的过程。罗摩克里希那修道院和传道会的各个中心召开的青年会议固然是青年的力量令人印象深刻的展示，然而，在某一次的与会者当中，没有谁还有资格参加十年或二十年后的青年会议。但这并不意味着青年力量到那时就已不复存在，因为无数新的青年人会取代现在的青年人，让青年力量的神话永存。

上述讨论表明，真正的青年力量，即阿特曼的力量，有待我们共同将它完全实现。年长者的主要任务之一，是让青年人能够接触内在力量的真正源头。这意味着从神话走向现实，从身体的虚幻青春走向阿特曼的永久青春。

所有人，无论年轻年老，都在追求自由，努力摆脱悲伤、无知、束缚和毁灭。身体和心意受制于宇宙规律，必然会经历变化与痛苦，唯有阿特曼永远自由。生活的目标就是觉悟阿特曼，并在每一活动中显现阿特曼的自由，此为斯瓦米·维韦卡南达的核心思想之一。斯瓦米吉有句名言："每一个灵魂都具有潜在的神性，目标在于显现这种内在的神性。"

然而，并非所有的活动都服务于显现阿特曼的神性，引导我们走向自由。错误的生活方式只能更多地遮蔽阿特曼，使我们受到更多的束缚。所以，我们有必要理解如何在生活中显现这种神性，相应的操作技巧被称为瑜伽。传统吠檀多承认以下三种瑜伽为主要的瑜伽：行动瑜伽、虔信瑜伽和智慧瑜伽。对此，斯瓦米·维韦卡南达补充了第四种瑜伽——胜王瑜伽。

经由无私行动达到自我觉悟

传统观点认为，行动瑜伽只是一种预备训练，最终的解脱只能通过虔信瑜伽或智慧瑜伽来达成。然而，斯瓦米·维韦卡南达认为，上述四种瑜伽同等重要，他说："通过行动、崇拜、精神控制或哲学——选择其中一种、多种或全部方法——来修习，并保持自由。"

不同于大多数吠檀多导师，斯瓦米吉认为，可以直接通过行动瑜伽觉悟真我。觉悟的主要障碍在于私我或低级自我，它遮蔽了阿特曼或高级真我。私我的主要特征是执着于感官对象和行动结果，但分辨和意志不执可以消除私我的这种倾向。当我们在分辨和意志不执这两种内在训练的帮助下行动，私我就会逐渐减弱，让阿特曼之光越来越多地照射出来——这便是无私的行动何以导向觉悟真我。斯瓦米·维韦卡南达在和一名俗家弟子的对话中解释了无私行动导向觉悟的整个过程：

> 当我们认为身体应该用来为他人服务（我们十分满足于

把私我认同于身体），就会忘记私我。长此以往，就会产生肉身脱落（disembodiedness）的意识。你越是专心想着他人的福祉，就越是忘却自身。以这种方式，随着你的心逐渐被行动净化，你会感受到一个真理：你的真我遍及万物。由此，对他人行善构成揭示自己的真我或阿特曼的一种方式、一个手段。要知道，这也是一种灵性修习，一种觉悟神的训练，其目标也是觉悟真我。正如我们可以通过智慧、虔信等达成觉悟真我的目标，同样，通过为他人行动，也能达成目标。①

无私行动的重要性

斯瓦米·维韦卡南达不仅认为行动瑜伽是觉悟真我的直接道路，而且强调行动瑜伽对当前这个时代（尤其在印度）最为重要。有若干理由可以说明他为何如此强调行动瑜伽。

首先，行动瑜伽不需要诸如冥想或仪式这样的特殊技巧，只需要内在态度的一种转变。任何行动，所有行动，都能作为行动瑜伽来履行。所以，行动瑜伽普遍适用于所有人，能在任何时间、任何地点修习。

其次，行动瑜伽是净化心意所必需的。心意的不净只不过是由过去的错误行动所带来的坏经验留在心意中的潜在印迹。坏的潜在印迹必须通过好的潜在印迹来抵消，而好的潜在印迹只能通过有德的行动来创造，而非通过想象或阅读来创造。

---

① *The Complete Works of Swami Vivekananda*, 7:111–12.

最后，唯有无私的行动是自然的行动，自私的行动则是不自然的、造作的。只需稍稍反思，我们就能明白，身体和心意是外部世界的一部分，完全从外部世界获得供养。呼吸、血液循环、食物消化、思维过程，都在自动进行着。事实上，所有行动皆由自然所为，因而，所有行动的果实皆属于自然。同样，自然的产物属于所有人，如果忘了这一事实，我们就会试图积聚超过需要的东西，或者宣称自己是行动的作为者或行动结果的占有者，如此，我们将违背自然。那时，我们的行动将导致巨大的压力，我们的生活将变得造作。摆脱忧虑和紧张的最佳方式便是无私地履行所有行动。

无私行动十分重要的另一个理由在于，它是今日社会最大的需要。今天，有许许多多的人生活在恶劣的条件中，没有足够的衣食，并被剥夺了教育之惠和民主正义。印度在科学、技术、工业化和农业上取得了令人瞩目的进步，但这些进步带来的益处没有惠及大众。富裕阶级和中产阶级的自私、贪婪、虚荣和缺乏社会意识乃是这种可悲状况的唯一原因。著名经济学家舒马赫（Schumacher）说：

> 大地的慷慨使我们所有人得以存活；我们充分了解生态学，可以保持大地的健康；大地上有足够的空间，足够的物资，能让人人拥有足够的避难所；我们有足够的能力生产必要的供给，没人需要过悲惨的生活……没有经济问题，在某种意义上，从未有过经济问题。然而，却有道德问题……[①]

---

① E.F. Schumacher, *A Guide for the Perplexed* (London: Abacus Paperback, 1981), p.159.

第五章　以无私服务传导青年力量

这一道德问题是什么？是自私。科学家和工程师埃德加·米切尔（Edgar Mitchell）是阿波罗14号月球考察的成员之一，在登月太空旅行中，他目睹了惊人的景象：地球这颗蓝白行星犹如一颗太空宝石在闪耀着。这在他心中引发了一种灵性转变，随后——

> 我的念头转向了地球上的日常生活。由此，我的惊奇感变成了某种近乎极度痛苦的东西。我意识到，就在此刻，人们正在打仗，犯下谋杀及其他罪行，撒谎、欺骗、为了权力和地位而斗争，以污染空气和水、浪费自然资源、破坏土地的方式伤害环境，出于贪婪和淫欲而行动，以偏执、盲从、歧视的方式伤害他人，等等，这些都是人对人的不人道。
>
> 同样明显的是，无数遭受着贫穷、疾病、不幸、恐惧和奴役的人也在很大的程度上那样做，原因在于经济剥削、政治控制、宗教迫害和民族迫害，以及其他种种出自人的私我的恶事。科学虽有技术上的功绩，却尚未——更有可能无法以其目前的形式——应对人的自我中心所造成的问题。[1]

返回地球之后，米切尔成了东方文化的钦慕者，并建立了一个机构，用来转变人的意识。米切尔本人这样陈述走这一步的理由：

> 随着我全面考察人类今日面临的挑战，我只看到了一个

---

[1] Edgar Mitchell, "Outer Space to Inner Space" in *Saturday Review* (February 22, 1975), p. 20.

答案——转变意识。人必须反抗当前的自我中心的意识,以便找到宇宙和谐,因此,人需要从自身内部开始转变,继而向外,转变自己和他人、环境的关系,再转变自己和宇宙的关系。①

社会的种种问题无法仅仅通过政府或私人机构安排的某种社会服务来解决,而只能通过转变和扩展人的私我意识来解决。行动瑜伽所做的就是:通过无私行动转变人的意识。

青年时期与无私行动

如果说经由无私行动转变意识乃是现代世界的基本需要,那么青年时期就是尝试实现这种转变的最佳时期,因为青年时期是三种力量——创造力、自我本位和本能达到发展巅峰的时期。

没有文明人仅仅满足于吃喝与物质享受,每一个人身上皆有一种创造性的冲动,一种通过追求真、善、美来实现价值的冲动。这种创造性的冲动作为理想主义显现出来。青年时期是人的灵魂最善于接受崇高理想的时期。行动瑜伽为青年时期的创造力量与崇高理想的实现提供了最佳出口。

青年时期也标志着自我意识开始出现的人生阶段。儿童并不认为自己与周围世界完全分离,但青少年突然变得具有自我意识,敏锐地意识到自己的外形、地位、问题、未来

---

① Edgar Mitchell, "Outer Space to Inner Space" in *Saturday Review* (February 22, 1975), p. 2.

等。希腊神话中有纳西斯（Narcissus）的故事，他是个非常英俊的青年，爱上了自己在泉水中的美丽倒影，憔悴至死（后来化作了水仙花）。纳西斯主义（自恋）的符咒击中每一个青年，如果不及时消除这种符咒，可导致严重的心理障碍。应付自我中心的最佳方法是扩展私我，也就是将自我认同于栖居在众生心中的至上真我，并为众生服务。这是行动瑜伽能够让人做到的。

青年时期也是贪婪、淫欲、愤怒、恐惧等破坏性本能变得强烈的时期。没有学会控制这些激情的青年人要么毁了自己的健康、快乐和锦绣前程，要么制造了诸如强奸、暴力等社会问题，那些社会问题已经成为现代社会的普遍特征。青年时期的强大驱力无法被轻易消除，首先必须通过建设性的集体行动让本能力量转向有益的社会渠道，从而得到升华。所以，我们发现无私行动对青年而言是一种基本需要。

斯瓦米吉在有关行动瑜伽的演讲中指出了两种修习行动瑜伽的方法：那些信仰人格神的人可以把"行动当作崇拜"，把服务于人当作服务于神；那些不接受至上神的人则可以把行动当作参与宇宙祭祀，或当作"为了行动而行动"，遵从康德所称的绝对命令或普遍道德律。[①]

走哪条路并不重要，重要的是尽可能早地开始灵性之旅，把人生最好的部分致力于为自己得解脱、为世人谋福祉。诚如《摩诃婆罗多》所言：

---

① "为了履行职责而履行职责"的说法由F.H. Bradly（1846–1924）在其著作 *Ethical Studies*（Oxford University Press, London, 1952）中普及开来。

人应在青年时期致力于宗教，因为人生短暂，谁知道死亡今天会落在谁的头上？①

---

① 《摩诃婆罗多》"和平篇"，169.16。

第六章
室利·罗摩克里希那的独特启示及其与今日教育的关联

伟人给世界的启示与他们的生活不可分离。室利·罗摩克里希那的生活与启示都是独特的。

孩提时起,室利·罗摩克里希那就对觉悟神怀有强烈的渴望。他只接受了两三年正规教育,9岁时,家庭的贫困迫使他成了加尔各答达克希什瓦新建的卡利神庙的一名祭司。然而,由于专注于灵性修习,他没能长期承担祭司的职责。在几乎12年的时间里,他遵循各种灵性训练,不仅有印度教的,而且有其他宗教的。他用不可思议的短暂时间在每一条道路上都取得成功。

从他全部的灵性经验中,他得出了如下主要结论,这些结论形成他的启示之核心:

第一,人类生活的终极目标是觉悟终极实相,唯有如此,才能为人的灵魂带来持久的平静与满足。

第二,世界诸宗教是通往同一终极实相的不同道路,终极实相以不同的名字为不同的宗教所知。

第三，神居于所有人心中，因而，服务于人实际上就是服务于神。

不久，在室利·罗摩克里希那身边聚集了众多弟子，其中最重要的弟子是纳伦德拉（Narendra Nath Datta），后来成了斯瓦米·维韦卡南达。师父过世之后，年轻的弟子们成立了一个修会，称为罗摩克里希那修道会，目前总部在豪拉的贝鲁尔修道院。斯瓦米·维韦卡南达把师父的启示传得很远很广，并创建了一个独特的组织——罗摩克里希那传道会，用来向印度和全世界不同地方的受苦之人，尤其是穷人和被践踏之人，提供经济、教育、医疗、社会与灵性服务。

在罗摩克里希那修道会和传道会这两个双子机构及其各个分部中，室利·罗摩克里希那生活的独特启示传到印度和全世界的不同地方，以诸多方式默默地转变着人们的生活和社会。

在此，相关的问题产生了：室利·罗摩克里希那的生活与启示和今日教育有何关联？室利·罗摩克里希那的生活与启示对现代学生的意义何在？

从生活中学习

室利·罗摩克里希那接受的正规教育不超过三年级，但他在最伟大的学校——生活中自学。一切知识来自生活，生活是最伟大的老师。当前教育体系的缺点之一就是让学生疏离生活，它阻碍学生参与生活并获得智慧。在这一方面，我

第六章 室利·罗摩克里希那的独特启示及其与今日教育的关联

想引用获得诺贝尔文学奖提名的希腊著名作家尼科斯·卡赞扎基斯（Nikos Kazantzakis）的著作 *Report to Greco* 中的段落来说明，该段落描写的是镇上的一所学校，三年级的老师正在教语法——

我们看着老师在讲台上辛辛苦苦地讲课，一遍遍地重复语法要点，为的是让它们烙印在我们的脑海里。然而，我们的思绪却飞到了外面阳光里的卵石滩上……在这个神圣的春日，窗户敞开着。街对面，一棵橘子树正在开花，芳香飘进教室。每一个人的心都变成了一棵正在开花的橘子树，我们无法忍受再听什么重音符号。就在这时，一只鸟儿飞来，落在校园里的树上，开始唱歌。此刻，一名皮肤苍白的红发学生——今年才从村里来到镇上——名叫尼可利奥斯的，再也无法控制自己。他举起手指喊道："别说话，先生！安静，让我们听听鸟叫。"

事实上，孩子喜欢接近自然。正如18世纪的哲学家和教育学家卢梭在其名著《爱弥儿》中所写，当我们让孩子独自待着，仅仅给予最少的引导，那时孩子会从自然中学到很多东西，自发成为有道德的人。这一理论的真实性可在罗摩克里希那的生活中看到，他的童年在与自然的亲密接触中度过，随着他长大，他开始观察和研究人类生活的复杂性和短暂性。经由这个自然而然的过程，他获得了大量的知识与智慧，被记录在《室利·罗摩克里希那喜乐之言》（*Kathamrita*）中，将近100年来，这本书向无数人提供了灵性指引与灵感。

《唱赞奥义书》中提到了两个男孩——萨底阿迦摩和乌帕可撒拉,他们通过接触自然而获得了梵知。

根据卢梭的观点,当前的教育体系阻碍孩子直接从生活中获取经验与智慧。现代教育体系完全是为了帮助学生通过竞争获取财富。鉴于此,我们就能理解室利·罗摩克里希那何以拒绝为了"养家糊口教育"(chaal-kola-baandhano vidya)而去上学。

在室利·罗摩克里希那看来,教育是个终生过程。他曾说,"活到老,学到老"(Yaavad baachi, taavat shikhi)。令人惊奇的是,他的这种观点与时下的教育思想相一致。在法尔委员会于1972年和德洛尔委员会于1996年提交给联合国教科文组织的报告中,终生教育乃是要旨,"如何建立一个不断发展的终生知识体——学会做人(learning to be)"。

学会做人

为了从生活中学习,一个人首先必须对生活持有适切的态度。对生活的态度主要有三种:拥有,给予,做人。

第一种态度是从生活中尽可能多地攫取。这是一种自我中心的态度,甚至把爱也变成了一种有待攫取的商品。不幸的是,当前的教育体系主要培养学生持有这种态度。

第二种态度是给予、帮助、服务他人。这是一种崇高的态度,如果它以自我牺牲为基础,就尤其如此。正是这种态度维系着所有的家庭和社会关系。教育的目标之一应该是培养这种态度。

然而,仅仅给予的态度不足以让生活具有意义。仅仅攫取和给予会使人疏离自己的真实存在、真我、真实本性。当一个人丧失了自我认同,他的生活就变得不真实、虚妄。这样的人无法与他人建立有意义的关系,无法在生活中找到意义。

教育的核心目标之一应该是让年轻人能够觉悟他们的真实存在、真我、真实本性,能够成其真正所是。这就是为什么法尔委员会于1972年提交给联合国教科文组织的报告取名为"学会做人"。

学会做人乃是室利·罗摩克里希那生活的重要启示。他并未教我们如何挣钱,如何与他人竞争,如何赢得诉讼等。他仅仅教我们如何觉悟真我,真我与至上真我或神不可分离。觉悟神意味着觉悟自己与生俱来的神圣本性,这是室利·罗摩克里希那的核心观点。

灵　性

觉悟真我是灵性或灵性生活的基本原则。对灵性的兴趣如今正成为很多地方的社会生活的一个重要趋势。许许多多不追求物质主义和不受限制的享乐主义的人正在转向灵性生活。此外,由于快节奏的城市生活、为成功而展开的竞争、迫切的工作需要、经济危机、家庭生活的解体和其他因素,今日世界的人类生活已经变得高度紧张。现在,越来越多的人意识到,灵性的视角以及诸如冥想等灵性技巧的修习对解决压力、抑郁等问题有相当的必要性。

灵性生活如今受到心理学家、神经科学家、哲学家，甚至量子物理学家的研究。结果是，灵性现在成为一种新的生活态度、新的生活方式，成为获得意义与满足的新手段。灵性在今天构成MBA课程的一部分，正被商人、推销员、律师、医生和各行各业的人尊崇。也许在不久的将来，灵性会变成学校和大学里的一个基本学科，就像环境研究那样。

然而，大多数人不知道当前的全球灵性运动之起源归功于室利·罗摩克里希那和斯瓦米·维韦卡南达。室利·罗摩克里希那重建了灵性理想，并开始了一场灵性复兴；斯瓦米·维韦卡南达提取了一切宗教所共有的普遍灵性真理与原则，并奠定了普世灵性运动的基础。

这便是今天所称的"世俗灵性"。在大量灵性导师和信息与通信技术革命的支持下，世俗灵性服务于全世界所有人。

证实原则

科学的力量与吸引力的主要基于一个事实：科学真理可以通过实验来证实。相反，宗教通常被认为基于信仰——对教条式的、通常虚构的假设之信仰。然而，室利·罗摩克里希那认为，宗教真理也能通过直接经验来证实。

现代世界的教育由科学主导。青年人对科学有信仰，是因为科学的原则能被证实。很多青年人没有或者已经丧失了对传统宗教的信仰。我们前面讨论的正是宗教可证实、可经验的方面，称为"灵性"。

第六章　室利·罗摩克里希那的独特启示及其与今日教育的关联

作为生活方式的服务

今日世界的一个重要趋势是一种新的人文主义，它聚焦于社会下层人士以及身体残疾或精神残障之人的困境。这种新的人文主义认为，不仅政府，而且整个社会都对这样的人的福祉负有责任。大公司和企业也必须承担相关活动。现在，有识之士越来越意识到，社会服务不应被视为一种责任或义务，而应被视为一种自然而然的生活方式。

如果服务要成为一种自然而然的生活方式，那么它应基于对人类的一种崇高态度。通常，人们对穷人、社会下层人士或受苦之人的态度是同情或怜悯，这样一种态度在服务者心中滋生自负，在被服务者心中产生羞辱感。

室利·罗摩克里希那给了我们一种崇高的服务态度："像服务于神一样服务于人"或"服务于人心中的神"（Shiva jnane jiva seva）。我们前面已经指出，印度的古老观点认为，人的真实本性既非身体，也非心意，而是阿特曼，也就是真我，它是至上真我或至上阿特曼不可分割的部分。这意味着，每一个人都是潜在的神，服务于人就是服务于神。这样一种态度既能提升服务者，也能提升被服务者。罗摩克里希那传道会的所有服务活动都基于这个原则。

这确实是针对所有人的普遍态度。这样一种服务态度应从青少年时期开始培养，所以，它应在学校和大学课程中占据重要的一席之地。如果我们国家至少有几千人能被这种崇高的服务态度所激励，那么我们国家面临的许多社会经济问题就能在短期内得到解决。

从上述讨论中，我们可以看到，室利·罗摩克里希那的生活及其启示对印度的教育具有重大意义。

第七章
斯瓦米·维韦卡南达的生活及其启示

19世纪末期，中世纪的信念、价值观和理想正在退却，20世纪及其在科技上的惊人成就和社会政治剧变已然拉开序幕。世界需要一种整合的生活观，能够为现代种种冲突的观念与理想带来全面的和解，能够实现刚刚从多个世纪的迷信与教条主义中解放出来的人类灵魂之抱负。正是在这个重要的时期，斯瓦米·维韦卡南达登上了世界舞台。

斯瓦米·维韦卡南达其人

斯瓦米·维韦卡南达，俗家名字纳伦德拉纳特·达塔，1863年1月12日出生于加尔各答一个贵族家庭。他继承了父亲维斯瓦纳特·达塔（Viswanath Dutta）的理性精神，以及母亲布伐奈斯瓦丽·戴薇（Bhuvaneswari Devi）的虔诚精神。孩童时，他就对穷人伸出援手，不仅给穷人食物和金钱，而且会把手里的任何东西给他们。纳伦早慧，在音乐、体育和学习方面十分突出。从加尔各答大学毕业时，他已掌握了不同学科的大量知识，尤其是西方哲学和历史。他天生具备瑜伽士的性情，甚至从童年时起就开始修习冥想，有段时间参与了梵社运动。

在青年时期，他不得不面对世上所有的苦涩现实：困苦、挫折、背叛、争讼和引诱。他还经历了一个短暂的不可知论、理智斗争和灵性危机时期。然而，在这些考验和磨难中，他有一个坚强的支撑，一盏指引他的稳定灯火——古鲁室利·罗摩克里希那的爱、信任、智慧和力量。今天，有无数人把室利·罗摩克里希那视为当前时代的先知。纳伦在师父的监督下，用数年时间进行较大强度的灵性训练。

1886年，室利·罗摩克里希那仙逝。去世之前，他已经训练了一帮年轻弟子，并让纳伦掌管他们。师父去世之后，这些年轻弟子正式成为桑耶辛，后来以罗摩克里希那修道会著称。纳伦则成了斯瓦米·维韦卡南达。

斯瓦米·维韦卡南达的传道

从这里开始，斯瓦米·维韦卡南达的生活可以分为三段。第一段的7年，他是这样度过的：要么进行强度灵性训练，要么作为托钵僧云游全印度。

1890年7月，斯瓦米吉（这样称呼是因为维韦卡南达十分受追随者的爱戴）开始了云游印度之旅——从喜马拉雅山到科摩林角，从古吉拉特到东孟加拉。他和各个社会阶层的人打成一片，有时，他吃鞋匠煮的饭，和清洁工抽一个水烟

第七章　斯瓦米·维韦卡南达的生活及其启示

筒,有时,他住在宫殿里,与卓越的政治家们进行讨论。由此,他目睹了一个鲜活的印度,他的心跳遍及整个次大陆。这些云游使他了解了人们的社会经济状况,获得了正在印度社会中运作的文化与历史力量的第一手知识。正是在云游期间,他见到了真实的印度、充满矛盾的印度,一方面是彻底的贫穷,另一方面是最崇高的灵性。他的心为穷人而哭泣,于是,他开始思考:如何让无数被践踏者获得提升。很有可能是在科摩林角,他找到了答案。答案就是,他将把西方所需的印度灵性传播过去,通过西方人的帮助来提升印度穷人的生活水平。正是怀着这一想法,斯瓦米·维韦卡南达于1893年开启了美国之旅。

1893年的芝加哥世界宗教大会无疑是现代世界文化历史的转折点。斯瓦米·维韦卡南达的参会以及随后在美国和英国的传道工作对印度民族的集体意识产生了巨大的影响。斯瓦米·维韦卡南达树立了印度独特的文化形象,他让印度人为他们的灵性遗产而骄傲。

正是借助世界宗教大会,世人发现了斯瓦米·维韦卡南达。从那以后,世界对他的需要和印度一样多,他在世界宗教大会上的出现标志着他作为一名世界性导师的生活之开始。世界宗教大会一结束,他就投入到传播普世灵性真理的工作当中,他时常出差,在将近四年的时间里定期开设课程。虽然他奔赴西方的原因之一是为他在印度的工作筹集资金,但他超脱名利的本性阻止了他继续执行这项任务,取而代之,他得到了另外一笔财富:一些心灵高尚的西方人的爱与支持,他们要么作为弟子,要么作为钦慕者聚集在他身边。

生命的最后的5年半是斯瓦米·维韦卡南达生活之第三段。在此期间，他的主要活动是：通过从科伦坡到阿尔莫拉的一系列演讲唤醒印度人的集体意识；在贝鲁尔修道院的新址上建立罗摩克里希那修道会。

当斯瓦米·维韦卡南达登上世界舞台时，他年仅30岁，之后，他只活了9年。在短暂的一生中，他不知疲倦地工作——为了全人类的福祉，为了在人间传播爱与和谐，为了建立全球理解、合作与和平。他的生活乃是人类之爱祭坛上的祭品。

接连不断的工作和巨大的智性创造力所导致的过劳严重影响了斯瓦米吉的健康。1902年7月4日，神的这束被禁锢的光芒——世人所知的斯瓦米·维韦卡南达，静悄悄地离开了肉身的牢笼，回到了永恒的居所，从世人面前消失，而他犹如太阳的金色光线把数不尽的祝福洒在全人类身上。

斯瓦米·维韦卡南达不仅仅是个历史人物，不仅仅是过去的一个象征，而且是一种活生生的力量，为了人类之善而行动。他本人曾说：

> 也许我会觉得离开肉身很好，像脱掉一件旧袍子一样把肉身脱掉，但我不会停止工作。我将激励每一个地方的人，直到世界懂得，它与神原本是一。

斯瓦米吉的成就被压缩进了生命最后的短短10年里，这些成就是如此巨大而多样化，以至我们不可能全部领会，甚或不可能在此简单地说明。然而，他向现代诠释的那些基本而永恒的灵性世界真理让我们得以瞥见他对世界思想的巨大贡献。

在研究斯瓦米·维韦卡南达的作品时，我们需要记住一个要点：斯瓦米吉不是一名扶手椅上的哲学家。无论身在东方还是西方，斯瓦米·维韦卡南达始终对全人类的普遍问题极其感兴趣，这些问题有两类：社会经济问题和生存论问题。斯瓦米·维韦卡南达是第一位确认这两类问题，并在吠檀多的帮助下提出解决办法的印度精神领袖。

斯瓦米·维韦卡南达：吠檀多的现代诠释者

吠檀多到底是什么？"吠檀多"一词在词源上意味着"吠陀的最后部分"，指的是称为《奥义书》的一系列典籍，它们形成《吠陀》的结束部分。《奥义书》包含着有关实相的基本真理，这些真理是普遍有效的，它们合起来称为吠檀多。

在斯瓦米·维韦卡南达之前，吠檀多的影响被局限在印度社会的一个小阶层当中。正是斯瓦米吉打破了重重障碍，把吠檀多带出了少数特权人士之手，带出了山洞和修道院，让吠檀多对全世界所有人开放，而不分肤色、信条或社会地位。然而，斯瓦米·维韦卡南达所诠释的吠檀多不是祭司和梵学家的吠檀多，而是普遍真理的吠檀多，是清除了仪式与象征的吠檀多，是由室利·罗摩克里希那活出并阐释的吠檀多。甚至在《奥义书》中，吠檀多的原则也常常通过印度文化所独有的寓言、神话和象征来表达，但斯瓦米·维韦卡南达把真理带出了古老的文化母体，将它们置于坚实的科学基础之上，从而让它们适应现代思想。

虽然现代科学的起源和发展在欧洲，但现在，科学真理属于全人类，世上任何地方的任何人都能遵循科学真理。斯瓦米·维韦卡南达认为，吠檀多的真理在今天同样属于全人类，尽管它们最初在印度被发现。吠檀多和科学一样，没有创立者；科学真理被不同的人发现，吠檀多的真理也被不同的圣人发现。

斯瓦米·维韦卡南达看到，吠檀多的真理本身包含着巨大的力量，可以转变人的基本态度，如果将它们应用于现实生活，就能解决人类的大多数问题。将这些古老的灵性真理应用于解决现代世界的问题，就是斯瓦米吉所称的"实用吠檀多"。

吠檀多的原则

1.人的神性

吠檀多的普遍真理是什么？最重要的吠檀多真理之一是斯瓦米·维韦卡南达所称的"灵魂潜在的神性"。根据吠檀多的观点，我们的真实本性既非身体，也非心意，而是我们内部的神圣中心，被称为阿特曼或灵魂。阿特曼是宇宙大灵的一部分，后者称为至上阿特曼或梵，俗称神。这意味着，我们内在的真实本性是神。然而，由于无明，我们不知道内部自己与生俱来的神性。这就是斯瓦米·维韦卡南达为什么把人的灵魂说成具有"潜在的神性"。

第七章 斯瓦米·维韦卡南达的生活及其启示

我们生活中的所有问题皆源于我们对自己的真实本性无知。尤其是在现代，人的生活变得复杂而困难，工业化和城市化扰乱了既定的社会生活样式。家庭关系正在崩溃。经济竞争，无限制地追求享乐，以及大众媒体的影响让现代人的生活充满了混乱的活动，让他的心意始终不得安宁。这些因素和其他各种因素让生活充满压力，神经官能症和各种身心疾病令人担忧的增长被认为完全归因于人们无力应付压力，而这反过来源于真我知识的缺乏。毫无疑问，现代心理学家极大地帮助了人对自身的认识，尤其是对心意的无意识部分如何运作的认识。现代心理学给了人们自我知识，但它尚未解决人的基本问题，尚未给人带来持久的平静或满足。为什么？因为那种自我知识没有触及人格的核心。现代心理学尚未发现人的真实本性，即人的真我。由此，可见吠檀多的重要性。

吠檀多所称的"我"仅仅是假我或私我，在它背后，是自明的阿特曼。阿特曼是一切知识与力量的源泉，但我们忘了这一事实，而去向外寻求知识和力量。阿特曼也是所有快乐的源泉，但我们忘了这一事实，而在外物中寻求快乐。斯瓦米吉认为，我们的生活与阿特曼这一光明中心（真我）的疏离，正是人的各种生存论问题与心理问题的原因。阿特曼是人的本质部分，我们只有觉悟阿特曼，才能成为完完全全的人。

现代人最为需要的是一个内在的平静中心；他需要一个脱离私我、脱离烦恼的内在领域，从那里，他能够理解自身的问题，做出正确的决断，并以勇气和力量应对施加在他身上的各种力量。为此，他需要更高的真我知识，他不得不探求和觉悟他的真我——阿特曼。真我知识将给予他巨大的内在力量、自制和平静。对此，斯瓦米·维韦卡南达说：

要教会你自己，教会每一个人——真实本性是什么；要呼唤沉睡的灵魂，看着它如何醒来。当沉睡的灵魂醒来，并开始自觉地行动，力量会有，荣耀会有，善会有，纯净会有，一切卓越之物都会有。[①]

2.宇宙的基本统一性

吠檀多的另一个基本原则是宇宙的基本统一性。现代科学已经发现了物理层面的统一性——物质与能量的统一。昔日的印度圣人们则更进一步发现了精神层面的统一性。他们还发现了灵性层面的统一性。所有个体自我都是无限的至上真我的一部分。有本《奥义书》明确地说，统一的真我乃是所有的爱（夫妻、亲子等之间）之基础；这本《奥义书》还说，二元性，也就是差异性，是所有恶的原因。斯瓦米·维韦卡南达以其独特风格表达了同样的观念：

任何走向"一"的东西，都是真理。爱是真理，而恨是谬误，因为恨走向"多"。正是恨让人们彼此分离，所以，恨是错误的……爱让人们结合，爱走向"一"……因为爱就

---

① 《维韦卡南达全集》第三卷，第193页。

是存在，就是神本身，一切都是大爱的显现，都是大爱或多或少的表达。①

3.吠檀多的伦理道德基础

斯瓦米·维韦卡南达看到，吠檀多的统一性原则——所有的自我在称为"梵"的终极不二实相中合———可以单独为爱的伦理生活、社会服务和道德提供一个理性的基础。统一性原则为犹太-基督教的道德箴言"爱人如己"提供唯一的根本理由。斯瓦米吉追问道："我为什么要爱人如己？"回答是："因为我和邻人在至上真我中合一。"此外，根据斯瓦米吉的观点，对于道德，我们所能给出的唯一定义是：自私的是不道德的，不自私的是道德的。

进一步说，道德的传统基础已被现代理性思想所侵蚀。现代青年成长在放纵的社会中，厌恶该做不该做的事。随着道德的基础被侵蚀，不道德、犯罪和其他恶行相应地增加。因此，世界需要一个新的道德原则，让道德生活变得自然而然，而无须使用武力或强制，无须使用恐惧或虚构的信念。基于灵魂的潜在神性这一信条，斯瓦米吉认为，我们应该有道德地行动，因为我们具有内在的善。既然我们的真实本性是纯粹的阿特曼，那么不道德的行动会违背我们的真实本性。斯瓦米吉尝试发展一个新的伦理体系，它基于我们内在的纯净、自由、不朽以及真我的统一性，他的这一尝试是对

---

① 《维韦卡南达全集》第二卷，第304页。

道德哲学的重要贡献。如果应用于现实生活，那么这个伦理体系能够建立一个新的社会秩序，该秩序以爱、平等和服务为基础。

4.普世的服务理想

服务的理想在所有宗教中都占据着重要的位置，然而，服务的对象通常局限于本宗教内部的追随者。斯瓦米·维韦卡南达尝试发展一个普世的服务理想，针对所有人，而不问种族、宗教或教派的差异。这个普世服务理想最独特的地方在于，它的基础是承认人的灵魂具有神性。神性意味着统一性——所有的自我在神之中合一。这意味着，服务于人就是服务于神，或服务于人内部的神。"人内部的神"这一表述不是指神坐在人内部，而是指人的真实本质（没有附加限制）就是神本身。正如斯瓦米·维韦卡南达所言：

我们是神的服务者，祂被无知者称为人。

在另一处，他写道：

如果你想得到任何善，就把你的礼俗扔到九霄云外吧，崇拜活生生的神，也就是人神（Man-God）——穿着人的皮囊的每一存在者。

毫无疑问，印度在很久以前就有关于"人内部的神"和"人的灵魂之神性"的明确的形而上学概念。如果印度的社会生活完全基于吠檀多的格言"一切皆梵"或"世间万物皆在神之中",那么印度社会将是人间天堂。然而,这从未发生过。当然,存在实践灵性生活的崇高理想的个体,但在集体层面,灵性生活的崇高真理与洞见尚未转变成社会现实。在印度,社会规范和习俗主要受到种姓和行期的支配。

5.吠檀多的科学基础

灵魂神性和宇宙灵性的统一性不是沉思出来的东西。斯瓦米吉说,真理和科学实验一样,是可重复的经验。正如科学讨论的是物质世界的真理,吠檀多讨论的是灵性世界的真理。科学的一个基本原则是,一个陈述只有得到证实,才能被认为是真的。这一可证实性原则能否同样应用于有关灵性真理的知识?这个问题是由斯瓦米·维韦卡南达本人提出的,我们在此引用他的话:

宗教是否需要通过理性的发现来证明自身?其他学科都是这样证明自身的。我们应用于科学和外部知识的调查方法,是否需要应用于宗教学科?在我看来必须如此,我还认为越快越好。

当斯瓦米吉做出这一陈述时,西方心理学尚处于婴儿时期。但如今,在脑电图(EEG)、生物反馈、PET和创新实验的帮助下,现代心理学家能够证实灵性世界(套用流行说法是"超个人"世界)的许多现象。同样,在冥想与观照的帮助下,我们能够体验我们的神性。

现代世界受到卓越的科学家和社会哲学家所开启的思潮之塑造。然而，这些思潮虽然看似多种多样，但全部基于唯物论的生活观。传统宗教以其狭隘的神学框架和教条主义的主张，无法迎接现代世界的这些强大思潮所提出的挑战。斯瓦米·维韦卡南达的伟大成就之一，在于迎接现代科学与社会思想所提出的挑战。他不是谴责科学或现代社会政治观念，而是指出，宗教和科学一样，基于某些普遍而永恒的真理，它们可以通过直接经验来检验和证实；而且，科学和宗教有着同样的终极目标，即找到宇宙的基本统一性。科学和宗教代表着两个层面或等级的真理，而且根据斯瓦米吉的看法——

人不是从错误走向真理，而是从真理攀登到真理，从低级真理攀登到高级真理。

6.综合瑜伽

超验的实相如何才能被人直接经验？这一点在古印度得到了深入的研究，他们发现，瑜伽是可行的道路。"瑜伽"一词的流行用法是指某些身体姿势或练习，但这不是瑜伽的真义。瑜伽的基本含义是"专注"或"联结"，但瑜伽的真义是意识转变。近年来，人们利用某些药物引发所谓的"意识状态的改变"。药物滥用已经成为全世界很多地方的一个严重问题。但药物制造的仅仅是幻觉，而不是意识转变，它们只会削弱心意，导致人的堕落。那不是瑜伽。瑜伽基于心意的净化、意志的增强、爱和长期修习。

瑜伽主要有四种：智慧瑜伽，虔信瑜伽，胜王瑜伽，行动瑜伽。每一种瑜伽都代表着一种特定的意识转变方式。在智慧瑜伽中，意识的转变是通过真我知识来实现的；在虔信瑜伽中，意识的转变是通过虔信来实现的；在胜王瑜伽中，是通过冥想来实现的；在行动瑜伽中，则是通过无私行动来实现的。你可以在斯瓦米·维韦卡南达的著作中找到有关这些瑜伽的出色描述。斯瓦米吉对每一种瑜伽的样式和应用都做了修改，以便适应现代追求者的需要。在他的手里，每一种瑜伽都经历了变形，成了鲜活而极其实用的东西。

虽然每一种瑜伽都是独立的，能够引领人实现最高目标，但斯瓦米吉主张，四种瑜伽的综合乃是最好、最理想的灵性训练形式。根据他的观点，每一种瑜伽都代表着人的心意的一种官能，四种瑜伽的综合乃是心意的全面发展和生命的丰富所必需的。斯瓦米·维韦卡南达本人就在生活中达成了一种奇妙的和谐与综合，关于这一方面，他的传记作者——法国学者罗曼·罗兰写道：

维韦卡南达的建设性才能可以概括为两个词：平衡与综合。他接受所有的精神道路，接受全部的四种瑜伽、弃绝与服务、艺术与科学、宗教与行动——从最灵性化的直到最实用的。他所倡导的每一条道路固然有其局限性，但他本人已经穿越全部的道路，并接受了全部的道路。他仿佛驾着双轮战车，手里握着四条真理道路的缰绳，同时沿着四条道路奔向大一。他是人类全部能量的和谐化身。

不可否认，斯瓦米·维韦卡南达对直接经验的坚持和对四种瑜伽的阐发，直接或间接地为现代世界信仰的恢复和宗教研究的复兴做出了很大贡献。由此，他为麦克斯·缪勒（Max Muller）和其他东方学家试图发展的比较宗教学奠定了基础，该学科把对宗教的科学研究作为一条新的进路。

7.没有圣俗之分

在斯瓦米·维韦卡南达看来，宗教不仅仅是一种特殊类型的活动，诸如崇拜、祈祷、冥想等，要在一天中特定的时候履行。虽然这些实践很重要，但宗教涉及一个人的整个生活。宗教是内在灵魂之荣耀的展现，每一项有助于展现灵魂的活动都是宗教。科学作为对真理的探求，作为解决人生问题的理性进路，乃是宗教的一个方面，无私行动也是一个方面。斯瓦米·维韦卡南达尝试在灵性生活与社会生活之间、在超验者与经验者之间架设桥梁。这实在是个奇妙的想法。显然，依照这种观点，神圣与世俗的分别就会消失。

所以，没有神圣与世俗之分。劳动就是祈祷，征服就是弃绝，生活本身就是宗教。拥有和坚持就像放弃和避开一样坚定……对他（即斯瓦米·维韦卡南达）而言，研讨会、学习、农家庭院、田野就像修士的单人小室或神庙的大门一样，都是神人相遇真实而恰当的地点。对他而言，服务人和崇拜神之间，刚强和信仰之间，真正的公义和灵性之间，没有分别。从某种观点来看，他的所有话语都是对这一核心信念的注解。

第七章　斯瓦米·维韦卡南达的生活及其启示

然而，我们应该清楚地理解，不承认圣俗之分并不意味着取消生活的神圣性，也就是生活的世俗化；不如说，它的含义恰恰相反，意味着一切活动的神圣化，人的生活的神圣化，或整个生活的灵性化。

这些构成斯瓦米·维韦卡南达的普世宗教概念。如此设想的宗教拥有巨大的力量对人类行善。

斯瓦米·维韦卡南达对宗教的积极方面怀有极大的信仰。在第一场演说（被收入了智慧瑜伽专著）中，斯瓦米吉说，直至今日，宗教一直被祭司、神庙、教堂、书本等所限制，因而，在宗教的种种可能性当中，只有一小部分得到了实现。然而，当宗教摆脱这些限制……就会进入我们的本性，进入我们的每一项活动，渗入社会的每一个毛孔，成为前所未有的善的力量。[1]

所以，显而易见，斯瓦米吉是从完全异于同时代人的视角来看待宗教的。

"如果宗教能够帮助人得解脱，难道就不能帮助他解决日常问题吗？"斯瓦米·维韦卡南达追问道。这个问题带着迫切性传入我们耳中，它和卡尔·马克思的著名陈述如出一辙："哲学家迄今为止仅仅试图解释世界，而真正的问题在于如何改变世界。"

在印度，许多世纪以来，大多数哲学家主要用宗教来解释世界，或者借助宗教来逃离尘世的束缚。然而，斯瓦米吉的目标在于用宗教来解决人的日常问题。他是现代第一位把

---

[1]　《维韦卡南达全集》第二卷，第69页。

宗教原则应用于解决民族问题,并让宗教成为改变印度社会的强大工具的印度伟大的思想家。

斯瓦米·维韦卡南达的民族观念

当斯瓦米·维韦卡南达在东西方用热烈的言辞谈论印度时,他所谈论的仅仅是印度的文化,而非印度这个民族,"文化"指的是一个民族数世纪以来所持有的理想与价值观。我们要记住这一点,否则,斯瓦米·维韦卡南达有关印度的一些陈述在评论家和学者看来可能是夸夸其谈。

作为一个民族的印度在19世纪晚期的残酷现实——被外国统治者剥削和羞辱,落后,超过一半的人口赤贫、未受教育、未觉醒——困扰了斯瓦米·维韦卡南达的一生。他看到,印度面临的主要问题是社会经济问题。

斯瓦米·维韦卡南达最先发现印度堕落的真正原因在于对民众的忽视。斯瓦米吉熟悉历史,他知道,一个民族的力量在于民众。在欧洲国家,社会政治变革已经为民众的经济生活带来了巨大的变化,而在印度,由于农村体制和种姓制度的盛行,民众在过去的两三千年里实际上未曾改变。尽管王国兴衰更替,军队和掠夺者来来去去,但印度农村保持不变,提供着稳定的税收,支撑着帝国的兴起与发展——印度人、英国人的帝国。在许多个世纪里,由于社会暴政和忽视,印度的良心始终受到压制和蒙蔽。正是这个被遗忘的印度良心在斯瓦米·维韦卡南达的如下话语中得到了表达:

第七章　斯瓦米·维韦卡南达的生活及其启示

我认为，这个民族的大罪乃是对民众的忽视，这是我们没落的原因之一。直到印度民众再度受到良好的教育、供养和照料，政治才有任何效用可言。民众为我们的教育买单，民众为我们修建神庙，但我们回报给他们的，却是抛弃。他们实际上是我们的奴隶。如果我们想要重建印度，那么我们必须为了民众而行动。

这是印度历史上第一次有伟大的宗教领袖为了民众而说话和行动。放到现在，这看上去可能不是什么了不起的事，但在那时，当社会领导者们忙于寡妇再婚、废除偶像崇拜和其他仅仅关乎上层阶级和中产阶级的改革问题时，斯瓦米吉却在为了穷人与被践踏者的事业而斗争，这的的确确是革命性的一步。早在印度人了解如下社会主义观念——上层阶级剥削穷人之前，斯瓦米·维韦卡南达就已揭示了通过剥削无知无助的穷人来制造国家财富的复杂社会经济过程。

印度进步的主要障碍不仅在于民众的落后。斯瓦米吉看到，印度的上层阶级和中产阶级处于麻木状态，也就是集体失忆。数世纪的外国统治已经摧毁人们的自我意志，压制人们的自尊，扭曲人们的自我形象，夺走人们自我提升和协同行动的整个进取心，存在着的是一种总的虚弱、无助、缺乏民族活力。斯瓦米吉充满力量的思想乃是许多世纪以来停滞不前的民族精神的一剂补药。

斯瓦米吉不仅正确地诊断了印度民族的弊病，而且提出了补救措施，以及如何实际应用这些补救措施。

1. 教育是所有恶行的补救之道

斯瓦米吉看到,民众直接需要的是食物,而遵循原始的农业和落后的工业方法不可能生产足够的食物。印度人必须掌握西方的科学与技术,而这只能通过教育来实现。他写道:

我亲眼看到,一个民族的发展和教育与智识在民众中间的传播成正比。

所以,斯瓦米吉认为,灵性教育和世俗教育必须在民众中间得到传播。

对于那些熟悉当前教育体制之短处的人而言,斯瓦米吉的这一观点——通过传播教育带来印度的复兴,被认为相当不切实际或行不通。事实上,这是一些深入研究了斯瓦米吉著作的苏联学者针对他的社会观点提出的批评之一。然而,我们必须记住,斯瓦米吉设想的并非当前的教育体制,正如他在从美国写给马德拉斯的弟子们的第二封信中所表达的:

无数的男男女女被神圣的热情所点燃,以对主的永恒信念为堡垒,因为同情穷人、被毁损者、被践踏者而鼓足狮子般的勇气,他们将走遍印度的每一寸土地,传扬拯救的福音,即援助的福音、社会提升的福音、平等的福音。

斯瓦米吉的观念是"大规模训练传教士和教师，把他们送往印度全国各地，犹如不可抗拒的滚滚浪潮"。如果这一大规模灵性教育与世俗教育的观念得到执行，那么印度的命运已然改变。

2.斯瓦米吉的教育哲学

斯瓦米吉揭示了文化和教育的密切关系。凡有伟大文化之处，背后就有一个高度发展的教育体系。一个社会所采纳的教育样式在很大程度上受到该社会的文化所发展出来的人的塑造。正是在这一点上，斯瓦米吉不同于现代教育学家，后者把人局限在身心层面，而斯瓦米吉则对人格进行了深刻的探究。在他看来，就像我们在前面谈到的，人的真实本性是纯意识，而心意和身体仅仅形成称为阿特曼的真我之外壳。知识既不存在于外物之中，也不存在于心意之中；知识正是阿特曼的性质。知识本身是圆满的，自明的。如同阳光穿过彩色玻璃，呈现出各种颜色和形状，阿特曼之光穿过心意，显现出念头和外物。所以，每一项认识活动都是自我启示的活动，认识活动显现了内在之光。这就是为什么斯瓦米吉认为，"教育就是人本具的圆满之显现"。这是一个能动的教育理论，基于印度的古老宗教——吠檀多。

斯瓦米·维韦卡南达把教育定义为官能的发展，他说：

> 真正的教育在我们中间尚未被构想出来……我从不定义什么，然而，我们可以把教育描述为官能的发展，而不是语词的积累，或者我们可以把教育描述为训练个人正确而有效

地运用意志。

因而，教育是个唤醒过程。人人身上都有某些力量或官能，但它们是休眠的，通过教育，这些力量被唤醒。教师实际上是唤醒者；灵性导师或古鲁唤醒灵性官能，而普通教师唤醒理性官能。

被唤醒的官能要受到全面的控制，这是教育的另一个方面。这个方面包含在斯瓦米·维韦卡南达对教育的另一定义中：

意志的运作与表达受到控制并结出果实所需的训练，称为教育。

斯瓦米吉是在精神训练的意义上使用"训练"一词的，但"训练"一词的通俗用法指身体训练或手工技巧的训练。只有当知识与某种技巧结合起来时，才对现实生活有用。

斯瓦米吉想要达到的是东西方教育文化中全部精华的一种和谐混合，他称之为"造人"教育，指的是释放内在于人的所有身体、精神和灵性力量，从而实现人格的全面发展。

3.观念的力量

斯瓦米·维韦卡南达是现代印度最早理解观念的力量的领袖之一。在印度，普通人是期盼某种奇迹发生，或依附于某些名人。在此，我们必须记住，观念拥有巨大的力量，个人生活或社会生活的本质依赖于所信奉的观念。目前，物质主义控制了人心，现代工业社会的诸般恶事皆源于物质主义的盛行。如果印度民众接受永恒的吠檀多真理，并把它应用于现实生活，那么他们的人生观将会改变，他们将自力更生、相信自己的内在力量、无所畏惧，并具备牺牲与服务精神。斯瓦米吉所讨论的吠檀多的那些富有活力的原则具有永恒的价值，虽然它们可以适应变化的社会需要，但它们本身基于变化的现象背后不变的实相。这些原则超越变幻莫测的时空，因而是普遍真实、永恒真实的。我们无须发明或从西方舶来一种新的哲学，我们拥有自己的生活哲学，它适用于任何社会、政治、经济变化。不仅如此，这种哲学——古人的永恒之法（sanatana dharma）——是民族的完整与力量所不可或缺的，诚如伟大的东方学家和艺术评论家库玛拉斯瓦米（Ananada K. Coomaraswamy）所发出的警告：

> 印度最大的危险在于其灵性完整性的丧失。奋力实现政治完整性，而不重视灵性完整性，乃是一场可悲的努力。

4.灵性文化是民族完整性的基础

斯瓦米吉最重要的成就之一是让印度人铭记，印度民族的真实身份在于古老的灵性文化。早在文明伊始，印度精神就意识到了大灵之光。作为印度历史与文化的热心学习者，斯瓦米·维韦卡南达能够理解：正是印度的灵性使她经受住了许多世纪以来的侵略与政治屈从，并将自己的文化保存了下来。尽管印度有着数不清的语言、人种、历史和地区差异性，但她自远古以来就有一种强烈的文化统一意识，远胜于欧洲曾经有过的。正是斯瓦米·维韦卡南达揭示了印度文化的真实基础，从而明确地定义和巩固了印度作为一个民族的统一意识，根据他的观点，"印度民族的统一必定是其分散的灵性力量的聚合"。斯瓦米吉让印度人为过去而自豪，此外，他还谈到印度需要对西方文化做出贡献，从而让自己成为一个带有全球使命的民族。统一意识，使命意识，为过去而自豪——这三个要素把真正的力量与目的赋予了印度民族独立运动。斯瓦米吉带来了印度文化的全面统一，并复兴了印度文化，再者，他让社会服务灵性化，成为印度的民族理想。

5.印度各宗教的整合

室利·罗摩克里希那和斯瓦米吉的生活深深地根植于印度的精神特质，他们把重建印度的古老理想——诸如灵魂之卓越、觉悟神之必要、宗教宽容与和谐——作为他们的生活使命。

我们应该注意，印度宗教始终是各个宗派的一种松散联合。各种意识形态之争虽然很少变得激烈，但弱化了宗教统一性。几乎没有印度人深刻地思考过自己宗教的基本观念，大多数人满足于自己所属的宗派的某些仪式、教义和信条。斯瓦米·维韦卡南达最先指出，印度人需要在一个广泛的基础上整合印度宗教。不同于他的前辈达雅南达·萨拉斯瓦蒂（Dayananda Saraswati）、罗伊（Raja Rammohan Roy）等人，他们坚持彻底改革旧的印度宗教，斯瓦米吉则坚持现存宗派的统一。他说：

造就未来印度的第一基础，从这块年代久远的岩石上开凿出来的第一步，就是宗教的统一。我们所有人必须认识到，我们印度人……拥有某些共同观念；时候到了，为了民族的福祉，我们必须放弃所有微不足道的争吵与差异。①

事实上，为印度教提供共同基础的荣誉应该归于斯瓦米·维韦卡南达。纳薇迪塔修女说道：

有关斯瓦米在世界宗教会议上的发言，我们可以说，当他开始讲话时，他讲的是印度人的宗教观念，而当他结束讲话时，印度教已被创造了出来。

斯瓦米·维韦卡南达获得的评价

印度独立之前，几乎所有伟大领袖，包括室利·阿罗频多、罗宾德拉纳特·泰戈尔、玻色（Netaji Subhas Chandra Bose）、甘地、尼赫鲁，都或多或少从斯瓦米·维韦卡南达身上汲取了灵感，通过他们，斯瓦米吉对现代印度的造就产生了相当大的影响。室利·阿罗频多写道：

维韦卡南达是个有权威的人，是人中之狮……我们看到，他的影响仍在发挥着巨大的作用，我们不清楚在哪里，在灵魂所进入的某种尚未成形的事物里，某种狮子般的、伟

---

① 《维韦卡南达全集》第一卷，3:371。

大的、直觉的、突出的事物里，我们说："看哪，维韦卡南达依然活在印度母亲及其孩子们的灵魂里。"

泰戈尔说：

如果你想要了解印度，就要研究维韦卡南达。在他那里，一切都是积极的，没有什么消极的东西。此外，维韦卡南达曾经说过，人人身上皆有梵的力量，拿拉央那（即神）想要通过穷人让我们为祂服务。这便是我所称的真福音……维韦卡南达的福音标志着人的觉醒和圆满，这就是为什么它能鼓舞我们的青年人经由行动与牺牲走上各式各样的解脱道路。

甘地这样表达维韦卡南达对他的影响：

我十分彻底地通读了他的著作，之后，我对祖国的爱增加了千倍。

玻色受到了斯瓦米吉的巨大影响，他写道：

说起维韦卡南达，怎能叫我不痴迷！几乎无人能够理解或揣摩他的深度……他从不在乎牺牲，从不停止行动，怀着无限的爱，拥有深刻而灵活的智慧，感情丰沛，抨击起来毫不留情，却像孩子一般天真——他是个罕见的人物，照亮了我们的世界……如果他还健在，我必定已经拜倒在他

第七章 斯瓦米·维韦卡南达的生活及其启示

的脚下。

尼赫鲁表示，"那一代人中有很多受到了斯瓦米吉非常强烈的影响"，他写道：

维韦卡南达虽然扎根于过去，并对印度的遗产充满自豪，但他对待生活问题的态度却是现代的，他是架在印度的过去与现在之间的一座桥梁……对于忧郁而消沉的印度精神，他的出现是一剂补药，让印度精神……扎根于过去。

他还说：

斯瓦米吉所说所写的内容很有趣，一定会让我们感兴趣，并且很有可能会在未来的很长时间里影响我们……他直接或间接地对今日印度产生了强烈的影响。我认为，我们的年轻一代将会善用斯瓦米·维韦卡南达身上的这个智慧、精神与激情的源泉。

罗曼·罗兰评述道：

从他的灰烬中，犹如从旧时凤凰的灰烬中，印度的良心重生了。

他代表着印度民族所需的至上服务、弃绝、纯净与爱的鲜活理想。由于许多世纪以来的失败和屈从，印度人的自我形象与自尊一直很弱,他的人格为印度人提升自我形象与自尊树立了亟须的英雄形象。斯瓦米·维韦卡南达如今被永远地安放在印度民族内心的神龛中,他的影响还在不断增强。

一个无国界之人

斯瓦米·维韦卡南达十分热爱印度。但他爱印度不仅仅是因为他出生在印度,而且因为印度是全世界的灵性宝库。"印度会消亡吗?"斯瓦米吉曾追问,并接着说,"那么,所有灵性都将从世上消失。"

然而,像维韦卡南达这样的伟人不能被局限在某一特定的国家。虽然他是印度文化之子,代表着印度文化中最好的一面,但他拒绝被印度的高墙所限制,而是独自立于高墙之上。斯瓦米吉的身体属于印度,灵魂则属于全世界,因为普世性乃是他的标志。他本人在一封信里写道:"我属于印度,同样属于世界。"在今天,全世界的有识之士纷纷承认他对世界文化的重要贡献,并已开始将他视为人类全球统一性的缔造者之一。斯瓦米吉是个多面化的人物,不能被归类为人道主义者、社会主义者、印度僧人等,这些都是他,而他远胜于这些。他是个无国界之人。

斯瓦米·维韦卡南达是现代先知

斯瓦米·维韦卡南达及其著作引起了人们的兴趣,他的影响正在迅速传播。这的确是个独特的现象,几乎是独一无二的。他的人格具有普世的维度，这是他的肉身所无法承受的。这种人格主要源于他对宇宙的灵性合一性的直接觉悟，他是大灵的使者，这样一个人所说所做的一切都呈现出一种普世的意义。再者，他完完全全的神圣与无私共同促成了他的人格力量。然而，为他赢得人们的普遍接受的那个特质，乃是他对受苦之人如佛陀一般的慈悲。

斯瓦米吉本身是个先知，在人类历史上扮演了独立的角色，并以激进的方式影响了人类历史进程。这样的先知人物所施加的影响远比他们的外在生活与行动更加伟大。他们的生活首先属于他们的内心世界，而对于他们的内心世界，我们只能通过他们非常有限的外在行动略知一二。

斯瓦米吉的观念基于他先知式的直觉，它们具有永恒的价值。斯瓦米吉毕生都在努力表明，最高理想如何能够成为现实。他强调：

> 真理不向任何社会致敬，无论是古代社会还是现代社会。社会不得不向真理致敬，否则就会消亡。

斯瓦米吉的人生使命是阻止人类社会走向引文中提到的这样一种可能的消亡。在过去，这种凄凉的结局降临在若干文化头上——埃及文化、苏美尔文化、希腊文化、罗马文化等。根据赫伯特·斯宾塞（Herbert Spencer）的观点，每一个社会在经历某个繁荣期之后都会瓦解。根据斯宾格勒（Oswald Spengler）的观点，没落已在西方降临。

斯瓦米吉曾经谈到印度对世界的影响：

犹如轻柔的朝露悄无声息地降临,却让最美的玫瑰绽放,印度对世界思想的贡献便是如此。润物细无声,印度已经彻底改变世界的思想,却无人知晓这种改变发生在何时。

这也可以说成是斯瓦米吉对世界思想的影响,它是如此微妙和普遍,以至没有人能够准确地说出它如何以及在多大程度上影响了西方思想家的观念。只有少数伟人,比如罗曼·罗兰、阿诺德·汤因比和索罗金(Pitirim Sorokin),公开承认他们受惠于斯瓦米吉。

斯瓦米·维韦卡南达对西方思想家的影响

在法语世界里,斯瓦米·维韦卡南达的影响主要通过罗曼·罗兰得到传播,后者说:

他的话语是伟大的音乐——贝多芬风格的措辞,搅动人心的旋律,宛如亨德尔合唱曲的乐调。这些话语散落在书中,三十年后,我依然无法碰触它们,而不全身颤抖,如遭电击。当初,这些燃烧的话语自那位英雄的双唇间吐出时,想必是多么令人震惊、令人心醉!

威廉·詹姆斯(William James)写道:

这位斯瓦米是全人类的光荣。

第七章　斯瓦米·维韦卡南达的生活及其启示

俄国心灵似乎对斯瓦米·维韦卡南达的影响特别敏感。托尔斯泰早在1896年斯瓦米吉第一次拜访欧洲时就是他的仰慕者,后来,托尔斯泰得到了《斯瓦米·维韦卡南达全集》三卷,在他的晚年,有人看见他专注于研究这些书,常常从清晨六点开始就沉浸在书中。

俄裔哈佛社会学家主任索罗金(Pitirim A.Sorokin)是另一位受到斯瓦米·维韦卡南达观念深刻影响的俄国伟大思想家。

杰出的英国社会思想家巴沙姆(A.L. Basham)对维韦卡南达的生活和影响力进行了客观的评价,他陈述道:

> 在未来的世纪里,他(斯瓦米·维韦卡南达)将作为世界的主要塑造者之一为人们所纪念。

据说,我们生活的这个世界正在变成"地球村"。通信与交通方面的现代手段与进步正在前所未有地拉近各国的距离。每一个国家的福祉如今与其他所有国家的福祉相连。100年前,早在联合国创立之前,斯瓦米·维韦卡南达就说:

> 甚至在政治学与社会学方面,20年前仅仅是国家问题的那些问题,今天再也不能只在本国的基础上解决……只有鉴于更宽广的国际背景,才能解决这些问题。国际组织、国际联合、国际法乃是今日之诉求。

斯瓦米·维韦卡南达作为东西方的交汇点

斯瓦米·维韦卡南达对全人类的福祉怀有全面的愿景。

宗教的统一性,人的统一性,世界的统一性,这是斯瓦米·维韦卡南达的三个重要观念。他认为,这些可以通过东西方的相遇,通过东方哲学与西方科学的融合,通过东方的超验智慧与西方的物质繁荣的审慎结合,通过神圣与世俗的整合来实现。

斯瓦米·维韦卡南达把整个世界视为一体,这不是因为他忽视多样性,而是因为他认为,"多"中之"一"乃是宇宙的计划。他不仅谈论统一性,而且努力实现之。出现障碍,他就努力打破障碍;出现鸿沟,他就架设桥梁。斯瓦米·维韦卡南达本人是架在东西方之间的第一座真实桥梁——不是一座小浮桥,而是一座大吊桥,横跨大洲大洋。

他自身结合了西方的理性与分析精神和东方的直觉与综合精神,这使他能够根据现代理性来诠释古代经典,由此让印度的灵性遗产为全世界的现代人所获取、所理解。如果没有他的努力,那么隐藏在印度古代经典中的大量灵性财富对于现代人将会是不可获取、不可理解的。

斯瓦米·维韦卡南达对人类的爱

我们生活在一个人本主义的时代,人本主义认为,人本身应当是一切思想与行动的首要关切和中心。但人对人的非人道,以及人目前所处的境况——仅仅是工业社会轮子上的

第七章 斯瓦米·维韦卡南达的生活及其启示

一个钝齿——已经在相当大的程度上削弱了人的价值,并让生活对无数人而言变得没有意义。斯瓦米·维韦卡南达对吠檀多学说的阐释——灵魂具有潜在的神性,生活的目标是通过不同形式的瑜伽来显现这种神性——能够恢复做人的尊严与幸福,给人面对生活问题的力量,并让生活充满意义。

除了他的全部成就和全部言行,斯瓦米·维韦卡南达对人类的爱将永远受到人们的纪念。他的爱没有种族、国籍、信条、社会地位甚或道德的障碍,他对圣人和罪人一视同仁。在这个因为物质主义、狂热和暴力的力量而变得阴暗的世界里,斯瓦米·维韦卡南达的人格矗立于阴影之上,犹如全人类的一座灯塔。在这个因为民族、地域和宗教身份而变得破碎的世界里,斯瓦米·维韦卡南达作为和谐、普世性、统一性与力量的鲜活象征屹立不倒。

第八章
我们为什么要有道德？
——斯瓦米·维韦卡南达的伦理道德观在现代的重要性

《摩诃婆罗多》的最后部分讲到，俱庐之野大战36年之后，老国王持国和王后甘陀丽，也就是俱庐族的双亲，决定去森林过冥想生活，般度族的母亲昆缇也决定和他们同去森林生活。昆缇的儿子们都来为她送行，一直送到城边。在与母亲告别之时，他们充满忧伤。昆缇让长子坚战带着弟弟们回去，英明地统治王国。如何英明地统治？昆缇的建议是：让你的智性立足于正法，让你的心意保持伟大（dharme te dhiyatam buddhih, manaste mahadastu cha）。昆缇用一句话就为所有肩负行政或管理责任的人——无论是企业行政主管、部门主管、部长还是政治家——总结了英明统治的永恒原则。即必须心胸宽广、头脑开明、宽容、慷慨、待人有雅量，同时，他们的智性（菩提）必须立足于正法。在此，智性指的不是通常说的智力，而是决断，即决策官能，在英语中称为意志。意志必须立足于正法，就是说，我们的整个生活必须以正法为中心，我们的所有思想、情感和行动必须受到正法的指引。

何为正法？在大多数印度语言中，正法一词是在宗教意义上使用的，但在史诗《摩诃婆罗多》和《罗摩衍那》中，正法是在道德意义上使用的。道德指的是道德行为，而道德行为与受道德律支配的道德秩序相一致。判断一个人或一群人的道德行为，就需要一个道德标准或准则。伦理学就是关于道德标准的研究。

本章以道德和伦理学为论题，是基于以下两个理由：

第一，人类目前正面临着一场道德危机，这是今日世界的一个重大问题。

第二，人们并不了解斯瓦米·维韦卡南达对伦理学理论和道德实践做出的原创性贡献，而他的观点在今日世界的背景中有着巨大的实践意义。

今日世界之道德

我们目前在人际关系，家庭生活，以及社会、经济、政治领域中面临的大多数问题，归根结底是道德问题。邪恶、犯罪与暴力自古以来就存在于人类社会中，但在现代，尤其是在过去的几十年里，它们达到了流行病的影响程度。在过去几年里，美国媒体上出现了一些相关报道，涉及"令人寒心的道德衰退"。在杀人、暴力、针对妇女儿童的犯罪、传染病的发生率、家庭生活的解体等方面，出现了令人担忧的增长。尽管电子设备、因特网和生物技术给人类带来了巨大益处，但它们的滥用会导致严重的道德后果。在今天，社会安全、和谐与和平的最大威胁是恐怖主义。自杀式爆炸袭击者和恣意放肆者不计后果的自毁，恐怖袭击对无辜的成人与儿童的残杀，也许是因为受到了宗教或政治不满的刺激，然而，最令人不安的是，那些沉迷于此类活动的人，没有任何罪恶感或悔恨感，相反，他们似乎认为，他们所做的是正确的、道德的、良善的。

这些问题不仅正在西方富裕社会，而且正在发展中国家变得普遍。在印度这样的国家，这些问题伴随着猖獗的腐败以及政治责任与健全的缺乏。世界银行的最新报告显示，在它给予印度的总体经济资助中，只有36%得到了利用。

这些社会经济问题是对形成文明与文化之基础的由来已久的人类道德观念、价值观与理想的严重违背。这些问题具有国家特点和国际特点，需要大规模的解决方案，而那些方案只能由受到强烈政治意志支撑的国家行政机构的协同行动来执行，因而不在我们当前的讨论范围内。

我们在此提及这些问题，是出于两个原因：一是为了保护我们的青年不受那些变态之人的消极影响；二是为了强调建起伦理防护墙的需要，不让反社会要素及其思想意识进来，从而阻止它们渗透或传播。

然而，制造前面提到的那些问题的人只占印度总人口的小部分，大多数人是正常、守法、有责任心的好公民。我们在此关注的，正是大多数人，尤其是青年的伦理道德问题，它们有两类：

一是要对正法（美德）战胜非法（邪恶）的力量怀有积极信仰；二是要把道德建立在实相的牢固基础之上。

信仰美德的力量

斯瓦米·维韦卡南达在一封信中写道，有三样东西是造就伟大人物、伟大民族所必需的：

第一，坚信善的力量；
第二，没有嫉妒和怀疑；
第三，帮助所有努力行善和成善的人。

第一点需要特别注意。很多所谓的好人对善、美德、正法的力量没有信仰。他们以某种方式设法成善，但却没有如下强有力的信仰：借助品格的道德力量，可以战胜所有对手，正法终将胜利（Satyameva jayate）。恶人对非法抱有极大的信仰，不断作恶并得手成功，而很多好人却对正法没有信仰。

斯瓦米吉强调的另一点是道德的积极方面。对很多好人而言，道德是消极的，仅仅意味着克制自己不做任何坏事。但这是不够的，道德还意味着积极行善。我们的青年人不应只是避免作恶，还应努力行善——喂饱饥者、照料病人、保护孤儿、扶持无助者、教导无知者、提升被践踏者等。道德应能让我们形成强健的品格去勇敢面对生活中的道德问题，我们应能通过自身品格的力量而非争吵去影响他人。

让道德基于实相

道德生活的一个主要问题在于,人们信仰并试图遵循的道德原则不是基于牢固的形而上学基础,因而缺乏终极有效性。许多世纪以来,宗教一直保管着所有国家的道德。在犹太-基督教传统中,道德基于对上帝的十诫和盟约的信念,这种信念已在现代科学与理性思想的猛攻下大大削弱了。对于生活中的种种矛盾,对于自己经历的残酷、不公和痛苦,对于不可能调和这些问题与全能仁慈的上帝概念之间的矛盾,人们感到困惑。

西方哲学家,诸如斯宾诺莎、康德、卢梭、边沁、密尔等,试图在传统宗教之外找到道德的基础。宗教道德与世俗道德的分离随着民主制度的确立和世俗国家的建立而彻底完成。目前,在许多民主国家,公民的道德行为受到世俗法律规范的管理,而世俗的法律规范基于某些自明的权利与责任,而非基于形而上学真理,这是很多人在生活中体验到道德矛盾心理与道德冲突的一个主要原因。

在印度,自古以来,道德同样由宗教保管,但道德的基础是一种天然的道德秩序。虽然印度文化达到了道德的最高层面,但印度人的社会生活却有几个缺点,其中之一便是奇怪的种姓制度。种姓制度源于古老的自法(svadharma)原则,该原则的本意是,每一个人都有自己的职业或职责,取决于他的自性(svabhava)、天性或性情。当自法开始由出生决定,就产生了种姓制度,它至今依然是印度社会不平等、不公正和冲突的主要原因之一。

在印度，道德与哲学在漫长的时间里一直是不可分离的。但在中世纪，它们开始分离为两个不同的领域，8世纪伟大的哲学家商羯罗认为不二论超越伦理学。正是斯瓦米·维韦卡南达表明道德以哲学为基础，从而重新统一了道德与哲学。斯瓦米吉表明，道德原则不仅源于摩奴和其他立法者所规定的社会习俗或行为准则，而且源于开悟的圣人对终极实相的真实观照。斯瓦米吉首次尝试把道德建立在称为"梵"的不二终极实相的基础上，他说：

我想表明，道德与无私的最高理想和形而上学的最高观念紧密相连，你无须降低你的观念来获得伦理道德，而是相反，为了抵达伦理道德的真实基础，你必须具备最高的哲学与科学观念。

斯瓦米吉不是把他的伦理道德观建立在传统的善行原则上，而是建立在吠檀多哲学的普遍原则上，他调和了吠檀多哲学与科学。因而，斯瓦米吉的道德观念很容易与世俗的生活观相协调。在斯瓦米吉看来，道德是灵性的一种表达。

对新的伦理道德体系的需要

研究今日世界的社会文化现象，我们可以看到某些新的特征或趋势：

第一，所有生活领域都在迅速地发生变化。

第二，全球化。由于信息与通信技术革命，全世界的人正在越来越多地了解彼此的文化、价值观、需求等。结果是,一种全球文化正在形成。

第三,灵性导向。一种新的灵性正在全世界传播。一种新的灵性觉醒,也就是一种新的灵性追求,正鼓舞着人们的心灵。今天,无数人在接受冥想、瑜伽、禅修、内观和其他形式的灵性训练,许许多多的灵性组织与团体应运而生。

第四,道德相对主义。曾被视为不道德的态度、风俗和行为,如今正被接受为道德的,或正常的。对地狱的恐惧和对天堂的期许不再充当道德的诱因。布道、说教、价值观教育等,不足以激起青年人对道德的热情。现代世界需要一个伦理道德体系,它源于永恒的价值观念,为此,道德必须具备灵性基础。作为目的的道德本身对现代心灵没有吸引力,道德必须具备更高的目标,应该成为获得更高灵性圆满的手段。

今天,关于价值观教育和价值导向,人们谈得很多。但价值观本身仅仅是观念或指针,在它们之上是实相。科学非常有效是因为它基于可验证的事实,基于真实,同样,道德需要以实相为导向。实相不仅指外部世界背后的实相,而且指人的身体、心意、人格背后的实相。换言之,道德的源头必须在灵魂——阿特曼之中。道德命令不应来自讲道坛和教师,而应来自灵魂,来自真我——阿特曼。这便是斯瓦米·维韦卡南达的观点。

第八章　我们为什么要有道德？

斯瓦米·维韦卡南达的道德哲学

斯瓦米·维韦卡南达给了我们一种新的伦理道德观，它——

- 摆脱了教义、教条和神话；
- 基于普遍而永恒的灵性世界真理；
- 与现代科学相和谐；
- 以觉悟终极实相为导向；
- 引领灵魂走向至上的圆满，永久的平静，以及对众生无私的爱。

斯瓦米吉针对伦理道德提出了一些根本问题，它们与今日社会有着重要关系，其中有两个问题可以作为理解斯瓦米吉的道德哲学的出发点，它们是：

第一，我们为什么应该有道德？

第二，我们为什么应该对他人行善？

这些问题在伦理道德讨论中很少被提出。人们通常提出的问题是：美德主要有哪些？如何践行它们？但斯瓦米吉提出的问题深入到伦理道德的形而上学基础。

我们为什么应该有道德？

对于现代人，这是个重要问题。商人、政府官员、警察或工程师为什么不应该以不诚实的手段赚更多的钱？一个人为什么不应该违背婚姻的誓言？一个人为什么不应该欺骗或伤害他人？一个学生为什么不应该篡改试卷？

对于很多生活在国家世俗法律下的人而言，答案应该是：我们必须有道德，否则我们将不得不面对法律的制裁、警察的抓捕或社会的谴责。犹太-基督教和伊斯兰教传统所提供的答案是：我们必须有道德，因为这是上帝的命令，对上帝的律法的任何违背都将招致祂的惩罚。印度教、佛教和耆那教传统认为，我们必须有道德是因为：那是正法的命令，对正法的任何违背都将招致业报，即便不在此世，至少也在来世。换言之，传统道德基于恐惧和强制。

我们为什么应该有道德？这一问题最初由中国儒家哲学家孟子在公元前3世纪提出，他给出的回答是：我们应该成善，因为成善乃是"我们的本性"——性善。不道德乃是真实本性的堕落。我们应该善而有德，这不是出于对他人或神的恐惧，而是因为我们确乎是善的。

2000多年后，斯瓦米·维韦卡南达提出了一个相同的问题，他问道："我们为什么应该无私，为什么应该成善？"斯瓦米吉给出的回答和孟子相仿："我们的内在本性是善的、神圣的。"不过，孟子无法说出我们的"本性"是什么。

"人的本性"，即人的真我之本质，大约于公元前1000年左右或更早的时候在印度被《奥义书》的圣人们发现。这些圣人被称为见者（Rishis，仙人），他们发现人的真我即"阿特曼"之本质是纯意识（chit, chaitanya），通常并不十分准确地被翻译为意识或觉知。圣人们还发现，阿特曼或真我是称为"梵"的无限意识的一部分或反射。我们所看到的宇宙是一种表面迹象，这个事实如今被现代科学所承认。在宇宙背后，是终极实相阿特曼，俗称神或神圣者。

阿特曼，也就是人的真实本性，乃是我们在生活中寻求的所有知识、喜乐、力量、爱的最终源头。然而，由于无明，普通人不知道这个事实，因而，在普通人那里，阿特曼是潜在的。斯瓦米·维韦卡南达以生动的措辞表达了这一观念，他说"每一个灵魂都具有潜在的神性"。道德就是这种与生俱来的潜在神性通过思想和身体活动的显现，也就是说，善、正直、有道德乃是我们的本然状态，是我们与生俱来的权利。

不道德是一种不自然的状态。不贞、欺骗、暴力、谋杀和其他不道德行为妨碍阿特曼的显现。人们做那种事是因为无明，这就是斯瓦米吉为什么说"我们没有恶的理论，而是称之为无明"。所以，真知，也就是对阿特曼的认识，乃是伦理学的基础。

斯瓦米吉的道德观念见于他在美国所做的演讲，可以概括为如下陈述：

吠檀多不是告诉他们，他们是罪人，而是采取相反的立场，说"你们是纯洁而圆满的，你们所称的罪并不属于你们"。罪是真我在很低程度上的显现。要在很高的程度上显现你的真我——这是我们需要记住的事情，而我们所有人都可以做到。

我们为什么应该对他人行善？

道德有两种：消极道德和积极道德。消极道德就是克制自己不做坏事并从善。前面谈论的第一个问题"我们为什么应该有道德"讨论的是消极道德。

对于斯瓦米·维韦卡南达,道德是某种积极的东西,不仅指成善,而且指对他人行善。道德意味着爱所有人,为所有人服务。在此,第二个问题产生了:我们为什么应该对他人行善?《圣经》里说"爱人如己"。为什么我要爱人如己?斯瓦米·维韦卡南达说,答案在于吠檀多的如下观念:至上真我——梵在万物之中。我应该爱人如己,是因为我和邻人在至上真我之中合一。我对他人行善,实际上是在对自己行善。同样,如果伤害他人,只是在伤害自己。这一观点调和了利己主义和利他主义、自私和无私之间的矛盾。

双重理想

从上述讨论中,我们发现,斯瓦米吉的伦理道德观不是基于命令、法律和规则,而是基于人和宇宙的真实本性。对真实本性的觉悟就是灵性,道德是达到这种觉悟必不可少的手段。

虽然人的真实本性是阿特曼,但人因为无明而认同于身心,导致无法觉悟阿特曼。让阿特曼摆脱这种认同和无明,就达到了真正的、终极的自由,称为解脱。在印度灵性传统中,自由乃是生活的终极目标。在此,斯瓦米吉补充了另一个理想:服务他人,看到他人心中的神(Shiva-jnane jiva-seva)。

斯瓦米吉将上述两个理想合并为一句格言:为自己得

第八章 我们为什么要有道德?

解脱，为世人谋福祉（Atmano-mokshartham, jagad-hitaya cha）。虽然这是罗摩克里希那修道会和传道会的格言，但它可以成为全世界所有开明之士的格言，因为它代表着人类的普世道德理想与灵性理想。

第九章
综合教育
——从斯瓦米·维韦卡南达的观点来看

室利·罗摩克里希那曾说,"活到老,学到老"。这一看似简单的说法实则包含了整个生活哲学。令人吃惊的是,室利·罗摩克里希那的观点——教育是个终生过程,如今已经成了晚近教育的一个核心思想。《印度时报》(*Times of India*)2009年10月4日发表了对著名的杜恩学校新任校长的访谈,新校长麦克劳林(Mclaughlin)先生是个爱尔兰人,当被问及"教育是什么"时,他回答道:"教育就是确保孩子成为终生学习者。"

麦克劳林先生的回答与1996年提交给联合国教科文组织的《国际教育委员会21世纪教育报告》中的观点遥相呼应。这份报告被称为德洛尔委员会报告(以委员会主席德洛尔之名命名),它的"终生学习"部分说:

> 今天,没有人可以期待在青年时期就积累起一笔知识,

终生够用。这个世界的快速变化需要人们不断更新知识，同时，年轻人接受初始教育的时间倾向于变得越来越长……如今，学习的期限是终生……随着21世纪的临近，教育的任务与形式是如此多样化，以至涵盖了所有活动，这使人从童年到老年都能获得有关世界、他人和自身的鲜活知识。

许多世纪以来，教育局限于童年、少年和青年早期。今天，情况不再如此。所有领域都发生了知识爆炸，以致除非人们不断更新自己的知识，否则就无法胜任各自领域的工作。医生、工程师、技术人员、教师、大学老师、企业行政主管——他们必须不断获取新知识、新技术、新的人际关系。

人类生活和社会环境也在迅速变化，人们不得不适应这些变化。此种类型的学习与调整甚至要持续到老，而教育应该帮助人们终生适应这一学习与调整的过程。

如果教育要变成一个终生过程，就要满足三个条件：

第一，教育的目标应该与生活的目标吻合。

第二，教育应该基于一种综合的生活哲学。

第三，教育应该成为一个长期的灵感源泉，用来提升自我，追求崇高的生活目标。

生活目标和教育目标

人的生活是如此复杂多变，充满了各种潜在性与可能性，以至必然会有若干目标，这些目标取决于人的需求。正如美国心理学家马斯洛在多年前指出的，人格具有若干层次，而人的需求与这些层次有关。

1.基本需求

首先是身体需求，比如衣、食、住。这些被称为"基本需求"，因为它们是维持生命的最低需求。事实上，印度至少有两亿五千万人被认为生活在贫困线以下，不得不努力获得足够的食物，而且并不总是能够饱腹。印度当前的教育体系不是用来帮助穷人满足基本需求的。

对于富裕之人（在今天占印度总人口的四分之一），基本需求并不仅仅指衣食住，而且指基本的舒适设备、便利设施，甚至奢侈品。印度当前的教育体系是用来让聪明或富裕的学生过上舒适或奢侈的生活。过舒适的生活没什么错，只是应该基于道德，而非基于对穷人的剥削。

2.情感与社交需求

人的生活是社会生活，每一个人的生活都以各种方式与社会相连。社会生活基于劳动分工与合作，人人都应为他人的集体福祉做贡献。除此之外，人类天生具有许多情感、感受、欲望、期待等，正是通过社会关系，这些情感得以表达。爱是人最重要的情感，人人渴望爱和被爱，成功的生活不仅在于积累财富，而且在于和家人以及其他人建立爱的关系。

人的心意是个容器，不仅容纳善的情感，而且容纳恶的情感与倾向，比如贪婪、愤怒、淫欲、恐惧等。诸如不道德、犯罪、暴力、恐怖主义等社会问题是人类恶的倾向的社会表达。

教育的目标之一应该是让人消除恶的情感与倾向，并培养爱、怜悯、无私和服务态度。

3.认知与审美需求

智性知识使人优于世上其他存在者。正是通过智性知识，人类在相当大的程度上获得了对自然和自然力的控制，并大大增加了享乐手段和破坏手段。所以，获取智性知识总是被视为教育的基本目的，也是最重要的目的。过去，人们为了知识的目的而寻求知识，今天，人们主要带着某种功利的观点——更好的工作、更好的房子、更好的医疗卫生、更好的生产方式、更好的旅游与通信手段等——寻求知识。

历史表明，人类社会经历了三次重大革命：农业革命，发生在几千年前的史前时代；工业革命，发生在18世纪；知识革命，在21世纪的今天正在发生着。人力资本或知识资本如今已经变得比金融资本更加重要。直到20世纪末，印度依然是个不可救药的贫穷国家，因为印度人错过了工业革命，无法赶上美国、英国、德国、日本等发达国家的工业进程。然而，知识革命（或信息技术革命）如今正让印度跃入经济强国的行列。今天，在人类社会的所有层面，知识掌握着进步与经济繁荣的钥匙。

至于审美需求，在印度，它是在教育领域之外得到满足的一种需求。印度人对音乐很有激情，在音乐世界里，穷人和富人的社会区分是无关紧要的。印度每一个村庄都有民谣、民艺和剧团，这些表演一律免费，所以人人都能接触它们。

4.自我实现的需求

大多数人有表达自己天生才能的内在冲动。如果他们具有音乐才能,就想唱歌;如果他们具有绘画才能,就想画画;如果他们具有机械才能,就有发明新机器的冲动。这是创造性冲动,也就是创造某种新事物、听从内心、向宇宙生命贡献什么的冲动。如果一个人不得不从事单调重复的工作,比如在工厂的流水线上工作,那么他的生活将变得乏味、缺乏意义。人不只是为了金钱而工作,大多数人通过工作来创造性地表达他们的内在能力与抱负。通过某项富有意义的工作来满足灵魂的创造性冲动,这称为自我实现。

近年来,教育中的创造力或创新在教育界显得十分重要。许多教育学家如今认为,创造力应该成为教育的目标之一。事实上,教育是一种训练,需要多年的持续专注和努力用功。在学习过程中,某种程度的单调重复是不可避免的。过早地在生活中要求过多的创造力,这可能会妨碍学生在他想要变得具有创造力的那个领域获取充足的知识、技能和经验。如果你研究天才的生活,就会发现,许多天才是中小学或大学的退学学生。教育的目的是给予学生充足的知识与训练,以便让学生的创新能力在现实生活中找到成功的表达。

5.灵性需求

财富与舒适的生活,道德行为,对科学与艺术的追求,创造性才能的表达——这些都是人类文化的特征,它们使人超越动物。然而,人的灵魂中有一种冲动:超越人的局限

第九章 综合教育

性，获得终极真理、无限的爱和持久的喜乐与平静。这种冲动就是人的灵性需求。

许多世纪以来，灵性与宗教联系在一起。宗教指的是接受某种信念样式，遵循某些习俗，认同于特定的机构或共同体。全世界有几大宗教，它们彼此之间的冲突是社会动荡，甚至战争的重要原因。因而，在美国、印度等国家，政教完全分离。由于灵性通常被视为宗教的一部分，所以灵性在这些国家的教育中没有任何位置。

然而近年来，对灵性的一种全新理解在西方国家开始出现。灵性如今正被视为个人对意义与满足的追求，并独立于传统宗教。人们如今承认，对于过上平衡的生活、面对生活问题、摆脱紧张、与他人建立友好关系，以及其他过上成功人士生活的手段，拥有灵性视角很有帮助。传统宗教与科学相冲突，但新灵性与现代科学相和谐。这种摆脱了宗教羁绊的新灵性有时被称为"世俗灵性"。甚至在世俗国家，它也可以成为教育的一部分。

我们将上述讨论总结如下，如果教育要成为一个终生过程，那么它应有助于满足五大生活需求：

第一，身体需求；

第二，情感与社交需求；

第三，认知与审美需求；

第四，自我实现的需求；

第五，灵性需求。

对综合的生活哲学的需求

上述讨论表明,如果教育要实现生活目标,就应基于一种综合的生活哲学。

1.价值观教育计划的短处

近年来,人们尝试通过"价值观教育"计划来实现教育的目标。尽管这是值得赞赏的冒险,但它存在一些严重的短处。首先,"价值观"一词很大程度上是在狭隘的"美德"意义上使用的,以至价值观教育和道德教育并无二致。"价值观"不仅应当包括道德价值观,而且应当包括智性、审美和灵性价值观,"价值观教育"不仅应当包括善行,而且应当包括科学追求、艺术追求、社会服务、灵性训练等。

当前价值观教育计划的另一个短处是,它没有受到适切的现实导向的支撑。仅仅通过教育塞进一些道德价值观,比如诚实、纯洁、爱、服务、守规矩、尊敬老人等,无异于说教。在西方国家,基督教组织在200多年里一直以高度计划性的方式实施道德教育,然而,尽管如此,仍有一种"令人寒心的道德衰退",把不道德作为正常生活方式来接受。这是因为,西方的道德教育基于狭隘的基督教神学观念,诸如上帝的愤怒、原罪、对地狱的恐惧等。价值观教育只有基于适切的现实导向,才会有效。印度儿童从科学那里获得的唯一的现实导向,就是物质世界的现实,别无其他;而把崇高的价值观加诸物质主义世界观为导向的心意,是无效的。价值观的灌输只有受到灵性世界观的支撑,才会有效。

2.对现实导向的需求

"价值观"只是某些崇高的精神观念,它们本身没有真正的价值,真正有价值的是它们背后的现实。举个例子,当我们说一块面包的价值为10卢比时,真正有价值的是面包,因为它能够缓解饥饿。一张10卢比的钞票没有实际价值,因为它不能缓解饥饿,其他价值也是如此。

在西方文化中,从古希腊哲学家柏拉图开始,真善美就被视为终极价值。这些终极价值只是抽象的精神观念,在它们背后是终极实相,但西方哲学家从未认识到终极实相的真实本性,甚至连最伟大的西方哲学家康德也认为,终极实相(他称之为"物自体")绝不能被认识。整个西方哲学是价值观哲学,西方教育体系同样基于价值观。这条西方进路作为"价值观教育"正被引入印度教育。然而,印度教育体系需要从印度哲学中找到新的基础,而印度哲学基于对终极实相的正确理解。

在印度,终极实相的真实本性最初由《奥义书》的古代圣人们所发现,以这些圣人获得的知识为基础的哲学体系,称为吠檀多。

至少从公元前1000年起,吠檀多哲学就一直是印度的主流哲学思想。在3000多年的时间里,它塑造了印度人的基本生活态度和生活观,并塑造了印度文化。印度的宗教生活,没有一个方面不受到吠檀多的影响。虽然只有少数人了解《奥义书》,但吠檀多的观念通过两大史诗《罗摩衍那》和《摩诃婆罗多》在民众中间得到普及。

3.印度的悲剧

印度的悲剧在于,独立之后,全国的整个教育体系疏离了本土的灵性文化。大约50年前,英国著名教育学家爱瑞克·艾希礼(Eric Ashley)指出了这一点,他写道:

（印度的）大学对于亚洲文化面临的挑战所做出的回应过于软弱……在半个世纪里,它们从大学学科中排除了整个东方学问与宗教,它们向印度教徒和穆斯林提供的是单单根植于地中海和基督教的历史与哲学;它们传达欧洲文明的框架,而没有确保用来填充这个框架的价值观与标准同样得到了传达;它们具有大学的外壳,却没有学界的温暖与交情——这些是印度的大学仍在奋力克服的障碍……

——引自科撒里委员会的报告

以世俗主义之名的教育,使无数的儿童和青少年虽在印度成长,却对这个国家的宝贵文化遗产一无所知。

4.印度教育哲学的要求

前面提到,一个受用终生的综合教育体系应当基于一种综合的生活哲学。针对印度青年的综合教育哲学应当满足如下要求:

第一,扎根于印度古老的灵性文化;
第二,提供对人格的深刻理解;
第三,提供对生活与现实的全面理解;

第四,与科学相和谐,科学在今天支配着人类的一切思想与行动领域;

第五,在如下意义上是普世的:没有教条主张或宗派主张;

第六,帮助富裕的学生和贫穷的学生;

第七,目标是满足前面谈到的五种需求;

第八,为教学中涉及的认知过程提供合理的解释。

总之,斯瓦米·维韦卡南达发展出了一种综合的生活哲学,可以满足上面罗列的所有条件,因而可以充当一个综合教育体系的基础。

5.作为意识科学的吠檀多

3000多年来,吠檀多一直是印度文化的核心哲学。吠檀多包含着灵性世界永恒而普遍的真理与法则,就像科学包含着物质世界的普遍真理与法则。但是,我们要根据不同时代的需要来诠释和改写它们。大约吠陀时代过去1000年之后,商羯罗诞生了,他根据中世纪的需要诠释和改写了吠檀多。大约商羯罗诞生1000年之后,斯瓦米·维韦卡南达根据现代的需要诠释了吠檀多。斯瓦米吉不像许多西方思想家那样,创造了一种属于自己的独立的新哲学。斯瓦米吉的哲学就是永恒的吠檀多哲学,因而具有永恒的意义。

吠檀多在一个重要的方面不同于世上所有哲学体系,无论是西方的还是东方的。吠檀多是世上唯一把意识视为终极实相的思想体系,意识的法则与原则首先并且唯独在印度被发现,并被系统化。斯瓦米·维韦卡南达最先理解吠檀多在当代的巨大意义,以及与科学的相似性。事实上,斯瓦米吉把吠檀多转变成了一种"意识科学",由此,他在科学与宗教之间架起了一座桥梁。这是斯瓦米吉对现代世界的贡献之一。

近年来,科学世界的一个重要事件是:理解意识在物质世界中,尤其是在确定量子现象中所扮演的角色。今天,意识是前沿思想与研究的重要领域之一。我们再也不能仅仅把吠檀多视为印度教的宗教哲学,正如纳薇迪塔修女所指出的,斯瓦米吉打破了神圣与世俗之间的藩篱。斯瓦米吉把吠檀多发展成了全人类的一种普世哲学,在其中,科学与宗教、宗教与宗教、人与人、人与神、个体与社会、东方与西方的分别不复存在。

斯瓦米·维韦卡南达的吠檀多哲学

根据斯瓦米·维韦卡南达的诠释,吠檀多作为一种意识科学的基本原则如下:

第一,人的真实本性既非身体,也非心意,而是阿特曼,阿特曼的本质是纯意识。阿特曼是我们向外寻求的一切知识、喜乐与力量的最终源头。身心无常,但阿特曼不变。

第二,阿特曼或内部真我是称为"梵"的无限意识的一部分或反射,梵是我们所生活的宇宙背后的终极实相。宇宙源于梵,并归于梵,如此循环往复无数载。梵俗称为自在天、神等。

第三,既然我们的真我——阿特曼——是神的一部分,因而我们的真实本性是神。但普通人不知道这个事实,这归因于无知,无知内在于所有人的心意之中,称为摩耶或无明。所以，斯瓦米吉说，我们只有"潜在的神性"。

第四，无明可以通过适切的知识来移除，那时，阿特曼之光将自我显现。为了解释这一显现过程，斯瓦米吉举了个例子：让我们想象一个光源被一个黑暗的屏障遮蔽了，屏障上有个小孔，一丝光线透过那个小孔射出；随着孔越来越大，越来越多的光线射出。同样，随着无明逐渐移除，神圣的真我逐渐自我显现。斯瓦米吉把这一显现过程称为瑜伽。

第五，无明有两种：客观无明和主观无明。客观无明是关于世间客体的无明，而主观无明遮蔽阿特曼，阻碍我们认识自己的真实本性。

教育是通过经验知识移除客观无明的过程，所以，斯瓦米吉把教育定义为"人本具的圆满之显现"。

灵性（宗教）是通过灵性知识移除主观无明的过程，所以，斯瓦米吉把宗教定义为"人本具的神性之显现"，在此，斯瓦米吉说的"宗教"显然指灵性。这也是他对瑜伽的定义。

1.教育作为瑜伽

从上述讨论中，我们可以看出，在斯瓦米吉对教育的定义和他对宗教或瑜伽的定义之间，有着显著的相似性。教育和瑜伽都在于内部意识的显现，二者的主要差别在于，这种显现所发生的层面不同，所涉及的无明种类不同。在教育那里，内部意识的显现发生在下层，因而，我们可以把教育视为下层（apara）瑜伽。四种瑜伽中的每一种都有上层和下层，教育代表着瑜伽的下层，而宗教代表着瑜伽的上层。

根据斯瓦米吉的定义——"教育是人本具的圆满之显现","圆满"一词暗示了人的灵魂内部有着无限的可能性,它们被无明遮蔽了。随着无明被教育带来的新知所移除,灵魂的内在可能性越来越多地显现。我们在前面讨论过,人有五大需求,对应人格的五大层面。为了满足人格的五大需求,"圆满的显现"应该发生在这五大层面。如果我们以这种方式把教育视为瑜伽,那么教育将导向人格的全面发展。换言之,综合教育意味着将学生的整个生活转变成瑜伽,这种瑜伽的目的在于激发或显现人的灵魂的所有内在潜力,把学生改造成全面发展的个体。

2.潜在神性

教育不应止步于人格的发展和人的需求的满足。诚如斯瓦米吉所言,"每一个灵魂都具有潜在的神性",这意味着,学生不仅具有人的潜力,而且具有神的潜力,而与生俱来的神的潜力的显现,就是灵性生活。不是所有的学生都会喜欢或欣然接受整个灵性生活,但至少要让他们在个人生活中看到下面三条简单的灵性生活原则。

第一,要让每一个学生明白,他的真实本性不是身体,也不是心意,而是灵魂,称为阿特曼。灵魂犹如内在之光,而神作为内部控制者居于内在之光里。如果学生认为神居于他的内部,他就不会通过坏习惯来伤害自己的身体,也不会通过坏思想或者电视和因特网上的坏事物来污染自己的心意。

再者,如果学生认为神居于他的灵魂之中,他就会获得巨大的内在力量。他不会在考试、运动或竞赛失利时变得沮丧。

第九章 综合教育

第二，要让每一个学生明白，神居于所有人的灵魂之中。如果他以这种方式思考，就不会粗暴无礼地对待任何人，而是会尊重每一个人。再者，他会把所有行动当作对神的服务和崇拜。

第三，要让每一个学生明白，自然——小草、大树、鸟儿、蝴蝶、野兽、空气、天空、水——之中有一种普遍的神圣临在。万物皆属于神，因而万物皆神圣。如果学生以这种方式思考，就会尽绵薄之力保持环境整洁，治理污染，保护地球的绿色植被。

总而言之，教育是人化的过程，旨在显现人的灵魂中本具的"人的潜力"；灵性生活则是圣化的过程，旨在显现人的灵魂中本具的"神的潜力"。教育是下层瑜伽，灵性生活则是真正的上层瑜伽，二者合起来构成斯瓦米吉关于人的发展和人类未来的总体愿景。

第十章
教育作为瑜伽
——新视角下的灵性教育

几年前,我住在喜马拉雅山上的玛雅瓦提。有天傍晚,我出门散步,路遇一个小男孩,大约七八岁,坐在一块土豆地旁,一边读书,一边看地,以防猴子来挖土豆。见我在散步,他说:"我随你去。"我试图劝阻,但他不听,开始跟着我。我全神贯注于计划下一期社论,很快就忘了这个男孩。走了一小段路,我来到一块高地,迷人的风景展现在我眼前,绿色的山谷延绵至天际,积雪的山峰在夕阳的赭色余晖下闪闪发光。我被一种崇高感压倒,坐下来开始冥想。过了一会儿,我想起那个孩子,于是转过身去寻他。他就在那儿,盘腿笔直地坐着,闭着眼睛,进入了冥想。这个小小的土豆守护者已经变成了一名瑜伽士!

一般而言,孩子具有高度的灵性感受力,也就是一种内在官能,可以抓住自然界内在的灵性振动。"天堂迤逦在我们的幼年",华兹华斯(Wordsworth)在《不朽颂》中如是说。许多成年人以怀旧之情回首童年，怀念现在的生活中已然失去的"崇高感"。佛陀乔达摩弃绝王国之后，向遇到的导师追问的第一个问题便是："你能让我重获童年时坐在阎浮树下体验到的那种宁静的喜乐吗？"

不幸的是，童年的这种"天真的认知"（美国心理学家马斯洛的用语）在青春期丧失了，这在一定程度上归因于不利的社会环境，但主要归因于有缺陷的教育体系。众所周知，童年和青少年期的经历，尤其是那些无意识地"压抑"的经历，会对成年期的态度和行为造成深刻的影响。事实上，很多人的成年生活有很大一部分被用于克服童年和青少年期的创伤经验与坏习惯所造成的有害影响。待到一个年轻人转向灵性生活，却发现自己早已陷入错误的态度、冲动和习惯的牢笼，只能通过激烈的斗争去冲破牢笼。这表明，尽早开始灵性生活，并将灵性整合进现在的世俗教育体系，是多么重要。

在吠陀时代的古印度，上述两个条件普遍得到了满足。灵性生活始于8岁左右，男孩入门，开始修习歌雅特瑞优婆散那（Gayatri upasana）。由于每一客体都被视为神圣实相的显现，因而万物皆神圣，所以，神圣教育和世俗教育没有分别。在《吠陀》中，萨底阿迦摩、贾巴利（Jabali）、乌帕可撒拉、卡马拉亚那（Kamalayana）和其他男孩的故事让我们得以了解吠陀时代流行的综合教育体系的样子。孩子们与导师同住，亲近自然，这样做的目的在于唤醒潜在的官能，训练感知，从而实现人的全面发展；在青春期，套用美国心理学家卡尔·罗杰斯（Carl Rogers）的用语，弟子作为"充分发展的人格"离开导师家。

教育的危机和新人文主义

今天，人们普遍有种意识：源于西方的当前教育体系已经偏离了原初目标。一方面，它创造了一批理智精英和一个富有的上层阶级，他们疏离普通大众；另一方面，它无法让受教育者面对和解决一些生存论问题，比如无意义感、厌倦、爱、罪感、不安全感，等等。当前教育体系的滥用使得一些被称为"废除学校运动者"的现代教育学家竟提倡废除学校。伊万·伊里驰（Ivan D. Illich）在《去学校化社会》（*Deschooling Society*，第3页）一书中说，"价值观念的制度化不可避免地导向物理污染、社会对立和心理无能——全球堕落过程中的三个维度"。凯纳斯·汤普森（Kenneth W. Thompson）在《大学在无常世界里的任务》（*The Task of Universities in a Changing World*）一书中说，有利于造就作为社会代表之精英的看法与价值结构已经磨损。然而，宣称要实现人人平等的那些新规则尚未详细阐明自身的价值体系，因而，社会正在某些残余的价值观之上运作，而那些价值观又没有得到充分的再肯定或再诠释。

教育中的当前危机主要是由三个因素引起的。首要的因素是时间间隔，在教育和社会发展之间，总有时间间隔，就是说，当社会发生变化，教育需要一些时日来赶上相应的变化。

第二个因素是社会正在经历的空前快速的变化。在诸如粒子物理学、天体物理学、分子生物学、空间技术等领域中，发生了知识爆炸。电子革命和计算机化为工业、商业和人际交流带来了剧变。艾尔文·托夫勒在其名著《未来的冲击》中说，"未来的文盲将不是无法读写之人，而是无法组织知识之人"。除了知识爆炸，还有目标、理想、价值观的彻底混乱。当前的教育体系不足以应付所有这些变化。托夫勒说："整个迹象表明，我们的社会失控了……社会变化如此迅速，社会变得如此复杂，以致那些表面上拥有力量的人实际上是软弱无力的，因而整个系统在诸多方面是失控的。"

教育中的当前危机涉及的第三个因素，是人的形象在今日社会中的彻底变化。这种持续的倾向——确定人在宇宙和人际关系中的位置——被称为"新人文主义"。

在此，我们需要记住一点：一个社会采纳的教育模式在很大程度上受到该社会的文化发展出来的"人的形象"的塑造。中国古人的形象是社会化的，中国的教育体系以社会生活为导向。印度古人的形象是灵性化的，印度的教育模式在根本上指向灵性发展。希腊-罗马人的形象是思想者的形象，由那种文化发展出来的教育模式强调自然研究和逻辑思维。在基督教中，人是天生的罪人，需要救主来救赎，这是基督教教育模式的基础，它强调道德生活，以及对教会形式之宗教权威的奉承。这种模式直到19世纪初仍在欧洲流行。

若干历史事件，比如文艺复兴、启蒙运动和工业革命，以及卢梭（Rousseau，1712—1778）、裴斯泰洛奇（Pestalozzi，1746—1827）、福禄培尔（Froebel，1782—1852）、赫尔巴特（Herbart，1776—1841）、约翰·杜威

（John Dewey，1859—1952）等伟大教育学家的工作帮助教育摆脱了教条宗教的控制，使教育变成了人文主义的教育。作为一种哲学的人文主义基于如下信念：比起其他形而上学原则，人的生活更有价值，人的兴趣更为重要。实际上，它强调理性的自由、尊严和至高无上，并关怀同胞。目前世界上大多数流行的教育体系基于这种人文主义。

然而，两次世界大战、越南战争、原子弹浩劫、嬉皮士运动、药物上瘾和暴力的增加已经表明了人文主义的不充分性。对享乐的追求和对财富的竞争已经让人疏离了真我，并制造了诸如无意义感、厌倦、罪感、不安全感等问题，它们侵蚀了传统人文主义的基础。然而，最显著的因素是吠檀多和瑜伽所代表的印度哲学–神秘主义思想对西方思想的影响。

现代人正在寻找自己的真实灵魂，他想要恢复失去的尊严，恢复被碾碎的自信。他正在寻找一套让生活充满意义的价值观念，一种带来持久的平静与满足的经验。他也在寻找一种新的社会生活方式，远离竞争和剥削。这些关切合起来形成现代世界的新人文主义。现存的教育体系完全不能满足这种新人文主义的要求，这是当前教育危机之主因。

人们越来越意识到，当前教育中的危机只能这样解决：接受灵性生活，把它作为教育不可或缺的部分，或者让教育成为更高的灵性实现之预备。

灵性教育的含义

"灵性"（spiritual）一词源于"精神"（spirit），而

第十章 教育作为瑜伽

"精神"的含义取决于特定宗教传统中流行的人格概念。除了否定"心"（mind）之存在的唯物论观点，还有两种主要的人格理论。根据其中一种理论，人格是二分的，就是说，人格只包括身和心，而心本身被称为灵魂或精神。这是犹太教-基督教和伊斯兰教的观点，自柏拉图以来为绝大多数西方哲学家所接受。在这个传统中，灵性生活通常意味着道德发展，以及强调信仰的深化。

根据另一种理论，人格是三分的，就是说，人格包括身、心、灵（阿特曼），阿特曼可以解释为灵魂或真我。这种观点为印度教的各个流派所持有，它最好的表达见于吠檀多。在吠檀多中，阿特曼指的是自存、自明的纯意识原则，它不同于心，它是一切知识与喜乐的真正源头。再者，所有个体自我皆统一于称为梵、至上真我或大灵的普遍原则，梵是宇宙背后的终极实相。个体灵魂和宇宙大灵（即人的真实本性）的合一乃是生活的目标。阿特曼的学说是印度对世界文化的重要贡献。关于人的本性的这种观点能被新的人文主义接受，并且正在被越来越多的人采纳，其中包括一些卓越的科学家。这种观点应当成为现代灵性教育的基础。

这里需要注意以下两点：

第一，既然我们的真实本性是阿特曼，那么我们只有认识它，才能获得持久的平静与满足。所以，灵性教育的主要目标应是认识真我。

第二，虽然我们的真实本性是阿特曼，但认识它的能力在大多数人那里仅仅是潜在的。为了实现这种潜在性，有必要进行某些特殊训练，称为瑜伽。正如斯瓦米·维韦

观念的力量

卡南达所言:

> 每一个灵魂都具有潜在的神性,我们的目标在于通过控制外部和内部的自然来彰显这种神性。经由行动、崇拜、精神控制或哲学(可采纳其中一种、多种或全部的方法)来实现目标,并获得自由,这就是宗教的全部。教义、教条、仪式、经典、寺庙或形象只不过是次要的细节。

斯瓦米吉设想了若干方式"彰显神性",有时把它说成移除臻达圆满的障碍,或移除遮蔽内在知识之光的面纱;有时则把它说成发展出一种官能,或一种内部觉醒。在他看来,瑜伽都意味着移除障碍,让内部真我自然显露。斯瓦米吉在对帕坦伽利《瑜伽经》(4.3)的注释中解释了这一点,他说:

> 浇灌田地之水已在水渠,只是被门挡住了。农民打开这些门,于是,按照重力定律,水自动流进田里。同样,所有的进步与力量已在每一个人那里,圆满乃是人的本性,只是圆满被障碍挡住,没法沿着适切的路线流出。如果有人移除障碍,本性便奔涌而出,那时,人就获得了原本属于他的力量。那些所谓的恶人,一旦移除障碍,本性流出,就会变成圣人……为了成为虔诚之士而进行的修习与斗争仅仅是消极工作,目的是移除障碍,打开通往圆满之门,圆满乃是我们本具的权利、我们的本性。

教育作为瑜伽

如果我们比较斯瓦米·维韦卡南达对瑜伽的说明和他对教育过程的解释,就会得出一个有点令人吃惊的结论:斯瓦米吉把教育视为一种瑜伽。这一点从他对教育和宗教所下的定义的显著相似性中可以看出,他的定义是:

- 教育是彰显人本具的圆满;
- 宗教是彰显人本具的神性。

根据斯瓦米吉的观点,教育和瑜伽一样,也是一个移除障碍,让内在于灵魂的知识和力量显现出来的过程——

> 教孩子相当于种植物,你所能做的全部都属于消极方面……你可以移除障碍,但知识出自植物(孩子)自己的本性。松土……围上篱笆……你的工作就结束了……剩下的是让它彰显自己的本性。

在另一处,斯瓦米吉把教育说成一个觉醒过程,把教育说成发展去蔽的官能。

> 你看,没有人能教导别人……吠檀多说,一切知识都在人的内部,甚至在孩童内部,需要的只是一种觉醒,而导师的工作莫过于唤醒。

然而,瑜伽和教育最显著的相似性在于二者对专注的重视。对此,斯瓦米吉说:

在我看来，教育的本质就是专注，而非收集事实。如果我不得不再次接受教育，并且我可以自主，那么我根本不会去学习事实。我将发展专注与不执的力量，然后我就能以完美的工具任意收集事实。

斯瓦米吉的这一观念——教育作为瑜伽，和他的另一个同样非凡的观念——消除神圣与世俗的分别，是不可分离的。如果万物都充满了称为"梵"的至上大灵，那么怎会有圣俗之分？套用纳薇迪塔修女的话：

如果"多"和"一"实际上是同一实相，那么不仅一切崇拜方式，而且一切行动方式、斗争方式、创造方式，都是觉悟之路。所以，没有神圣与世俗之分。劳动就是祷告，征服就是弃绝。生活本身就是宗教。拥有和保持与放弃和避开一样，都需要坚定的信赖。

然而，我们应该明确，不承认神圣与世俗之分并不意味着取消生活的神圣性，也就是把生活世俗化。毋宁说，它意味着一种倒转：把一切活动神圣化，把人的生活神圣化。

灵性教育的类型

否定神圣与世俗之分并不意味着给予所有人同种教育。目前，在教育领域，可把学生分为两类：第一类是向往僧

第十章 教育作为瑜伽

侣、修士或修习者的宗教生活的年轻人;第二类当然是大多数人,包括想要从事工程师、教师等行业,但仍想获得灵性圆满的学生。这种划分对应社会学家谈论的两种社会类型:第一,"盖斯切夫特"(Gesselschaft)或特殊宗教组织,比如教会、修道院等,你作为成员加入;第二,"礼俗社会"(Gemeinschaft)或共同体,你出生于斯,宗教在里面仅仅起到次要的作用。不同社会类型的学生,其需求和资质不同,这个情况可能会持续多年,我们不在此进一步讨论。

所以,就教育作为转变人的意识之技巧而言,教育是瑜伽的一种形式。瑜伽加速个体的演化,而教育加速整个人类的演化。通过教育,人类经年积累的知识与技能可在少数几年里传给许许多多的年轻人。牛顿、法拉第或达尔文用尽一生去理解的东西,通过数小时的教育就能传给年轻人。

当教育变成创新,我们称之为"研究"。瑜伽和研究都需要人们若干年的奉献和专注,都是来发现新真理的创造性过程。在古印度,凡是发现新真理的人就被称为见者(也译成仙人)。由此,我们拥有"发现"了歌雅特瑞曼陀罗的众友仙人(Viswamitra),"发现"了梵的内在性与超越性的雅佳瓦卡亚(Yagnavalkya),发现了梵文语法规则的帕尼尼(Panini),在医学和手术方面有所发现的妙闻仙人(Susruta)等。从这一广泛的视角来看,许多拥有惊人发现的现代科学家也可被视为见者。斯瓦米·维韦卡南达设想了这样一个未来:我们的城市和小镇上生活着无数的见者与先知。在一次演讲中,斯瓦米吉说:"……我们必须记住,你、我和每一个人都会得到呼召去成为见者；我们必须相信自己一定会成为世界推动者……愿主帮助我们每一个人为了自己和他人的拯救而臻达见者状态！"只有当教育导向某种形式的见者状态，教育的作用才真正得以实现。

第十一章
价值观,瑜伽与实相

现代人的道德观念如今正发生着急剧的变化。某种一直被视为离经叛道或堕落的行为方式或生活方式,今天被承认为正常的、道德的。比如,西方国家有许许多多的人同居,而没有婚姻的约束,也没有任何内疚。根据美国价值观研究机构的芭芭拉·怀特海(Barbara Dafoe Whitehead)的看法,存在着一种"社会标尺的转变"。在20世纪70年代的某个时候,美国人改变了对破坏性行为,比如离婚和未婚妈妈的看法。"曾经被视为妨碍儿童最大利益的行为,如今被认为是成年人的快乐所必需的",怀特海夫人说。

关于这种社会标尺的转变,著名的保守派左翼分子克里斯托弗·拉斯奇(Christopher Lasch)在其遗著《精英的反叛和民主的背叛》中说:"对直接满足的贪求彻底妨碍了美国社会。人们普遍关心自我——在乎自我满足,更晚近些则在乎自尊心,这些是一个无法产生公民义务的社会的口号。"

100多年前,尼采谈到了"重估一切价值"的需要。或许，一种重估正在全世界进行着。无论如何，我们需要重新审视支配着现代社会的价值观体系。每一个文化都处于其价值观体系和信念体系之间的平衡状态。科学技术已在很大程度上改变了现代人的生活观和宇宙观，这导致了信念体系的剧变，然而，价值观体系并未充分地响应这些变化。这就是我们在现代生活所有领域看到的"价值观危机"的根本原因。在此，我们并不打算对这种危机进行全面研究，我们的目的仅仅在于，对价值观及其与实相观和社会规范的关系进行概念上的澄清。

"价值观"的含义

关于"价值观"，有着许多模糊和混乱的认识。美国著名心理学家马斯洛写道："人们以诸多方式来定义'价值观'，它的含义因人而异。事实上，它在语义上是如此模糊，以致我确信，我们很快就会放弃这个笼统的词，转而对依附于它的每一个次级含义进行准确性和操作性更强的定义。"[①]

"价值观"通常被用来代替"美德"和"道德"，虽然后两个词意思更加明确，但许多人，尤其是政治家，很少使用它们，要么是因为它们缺乏可信性，要么是因为它们具有宗教色彩。所以，他们不用这两个明确的词，而是代之以使用"价值观"一词。

[①] Abraham Maslow, *The Farther Reaches of Human Nature* (New York: Penguin Books, 1982), p. 106.

第十一章 价值观,瑜伽与实相

然而,价值观并不仅仅指美德。理解"价值"之含义的一种方法是区分价值观和事实。当我们说《薄伽梵歌》创作于公元前3世纪,泰姬陵由沙迦汗所建,我们进行的是事实性陈述。然而,当我们说阿周那放下武器是错的,或泰姬陵是世上最美的建筑,我们进行的则是价值判断。实际上,我们生活在两个世界里:事实的世界和价值观的世界。这两个世界并不总是彼此相应,价值观常常引领我们超越事实世界,并指向超越感官的目标。

理解"价值"之含义的另一种方法是追溯其源头。"价值"一词是通过经济学进入哲学思想的,在经济学中,"价值"被用来指客体满足人的需求或欲望的能力(称为使用价值);金钱(即交换价值)。

我们在此涉及的是"价值"的第一种含义。

众所周知,人有需求等级,需求等级为人的行为提供了动机。根据马斯洛的观点,这些需求依次是[①]:生理需求、安全需求、情感需求、尊重的需求、求知需求、审美需求、自我实现的需求、超越的需求。其中,低级需求与人的物质存在相联结,比如对衣食住等的需求,称为"基本需求",或仅仅称为"需求"。在这些需求之上的,就是价值观问题。

套用社会学家克莱德·克拉克洪(Clyde Kluckhon)的话:

> 价值观并不在于欲望,而是在于可欲之物,也就是这样的东西:我们不仅需要它,而且感到自己和他人需要它乃是

---

① Abraham Maslow, *Motivation and Personality* (New York: Harper and Row, 1970).

恰当的……（价值观是）抽象的标准，超越瞬间的冲动和短暂的情境。①

正是"应当"把价值观和通常的欲望或需求区分开来，比如，诚实不仅是欲望对象，诚实是我们应当的。价值观是内在命令，敦促我们追求更高目标。印度著名社会科学家拉达卡玛·穆克吉（Radhakamal Mukerjee）做了如下澄清：

讨论价值观的心理科学和社会科学把价值观定义为纯粹的偏好，可欲的目标、情绪和兴趣。另一方面，人文主义学科把价值观定义为起作用的命令或"应当"之事。②

上述内容表明，价值观是高级需求，也是内在命令或应当之事。价值观还有一个特征：它们属于整个社会或共同体，甚或属于全人类。被称为价值观的，不仅是个体认为的可欲之物，而且是整个共同体或大多数人认为的可欲之物，就是说，价值观是某种社会规范或标准。价值观属于文化，为了解释这一点，有本社会学畅销书的作者说道："一个文化价值观可以定义为一个被广泛持有的信念或观点：某些行为、关系、情感或目标对于共同体的身份或福祉

---

① Clyde Kluckhon, *Culture and Behaviour* (New York: The Free Press of Glenco, 1962), p. 289.

② Radhakamal Mukerjee, *The Dimensions of Value* (London: George Allen and Unwin, 1964).

十分重要。"①

我们把价值观的上述三个特征结合起来,就可以给出一个综合定义:价值观是人类的高级规范性需求,被个体经验为内在的道德命令、审美命令或目标追求。

另一个经常和价值观相混淆的概念是"理想"。理想无非是被个体选作生活目标的价值观。

价值观作为演化冲动的表达

根据一些思想家的看法,价值观作为人的自我提升这一先天渴望的表达,作为人追求越来越高的实现层次这一内在冲动的表达,代表着生命的高级演化冲动。著名生物学家赫胥黎(Julian Huxley)说:

我们发现,价值观不仅出现在演化过程中,而且在最新的演化阶段起到了积极作用。我们知道一个直接而明显的事实——存在着高级价值观和低级价值观;我们经过科学分析发现了一个结果——在演化中存在着一些或多或少可欲而有用的方向。②

穆克吉补充说:

---

① Leonard Broom and Philip Selznic, *Principles of Sociology* (New York: Harper and Row, 1970), p. 54.

② Julian Huxley, *Evolution and Ethics* (New York: Macmillan, 1947), p. 32.

在人的社会演化维度上的这种有机体适应环境的定向特性称为价值观,它影响着演化过程,使演化走向更优秀的个体性、自我的开放性、自我和环境的目的趋向……我们可在聪明的动物中间辨认出价值观的萌芽,但没有动物,包括低级灵长类动物,能够发展出一套价值观,以便围绕着长期目标来管理和调整行为,或者发展出一个符号综合体,以便帮助积累、重组和预见经验。①

就是说,价值观不仅仅是个体的欲望和爱好,而且是宇宙生命的创造力之表达。生命之河流经万物,价值观标志着其浪潮的较高点。人的心中有追求更高存在层面、更高意识层面、更高快乐层面的内在冲动,价值观是这一冲动的体现。

然而,我们在此需要说明,对价值观的这一看法如今不再流行。近年来的趋势是,把价值观仅仅当成关注或欲望,佩里(R.B. Perry)是这种观点的拥护者之一,他说:

当某物(任何事物)成为关注对象时,就有了价值,或是有用的。或者说,但凡被关注的对象,根据事实就是有价值的。②

在此,"关注"包括喜好之物和厌恶之物。

---

① Radhakamal Mukerjee, Op. cit.
② Ralph Barton Perry, *The Realms of Value* (New York: Greenwood Press, 1968).

第十一章 价值观,瑜伽与实相

价值观的类型

价值观不只是属于一个经验领域,而是属于不同的经验领域,因此,我们有不同类型的价值观,其中最有名的是道德价值观,称为美德,比如诚实、善良、平等。除了道德价值观,还有社会价值观、审美价值观、认知价值观、灵性价值观。每一类价值观属于一个特定的人格维度。我们前面谈到,对这五类价值观的追求是人格全面发展所必需的。

然而,不是所有价值观都具有同等重要性。有些价值观被视为目的本身,它们被称为绝对价值观;有些价值观被视为达成更高目标的手段,它们被称为工具价值观。哪些价值观是绝对的,哪些价值观是工具性的,这取决于价值观所属的文化。

希腊文化在很早以前就把真善美视为绝对价值观,这一观念从希腊人传给了罗马人,后来影响了西方文化。基督教把爱上帝设定为绝对价值观,把爱邻人设定为工具价值观,这些观念也影响了西方文化,但它们从未成为西方文化的主要特征。

印度文化从很早以前就开始采纳双层价值观体系,被称为"人生追求"(purusharthas)。该体系的第一层由三种价值观构成:欲乐(kama,感官快乐)、财富(artha)和正法(dharma,道德)。印度经典明确说道,欲乐和财富应该受到正法的支配。这种三合一价值观针对的是普通人,而针对那些出世之人,印度文化则提供了一个更高的层次,它形成最高价值观(paramapurushartha)——解脱,也就是永恒的自由。无人不想摆脱痛苦,然而,解脱不是摆脱通常的痛苦,而是摆脱再生的可能性。解脱是一种绝对价值观,而第一层的三种价值观可以视为工具价值观,不过它们并不必然通向解脱。

价值观与实相

虽然印度和西方的价值观进路之间存在着相似性,但我们必须记住,有关价值的整个思想是西方的特质。人们认为,是柏拉图开创了对价值观的研究,但直到19世纪末,这种研究才被承认为一个独立的学科,称为价值论。从那时起,有些西方哲学家把价值观视为哲学研究的主要对象,视为生活的最终目标。然而,价值观本身就是目的所在吗?单单是对价值观的追求就是生活的最终目标吗?价值观难道不仅仅是终极事物的指针吗?

我们可以先来回答最后一个问题。在现实世界里,我们发现"价值"一词通常指某种被珍视的东西。比如,当店主告诉我们一公斤土豆的价格为5卢比时,他的意思是,土豆是一种有价值的东西。我们所付的5卢比只是土豆的价值这一抽象概念的象征。土豆是实物,可以解除我们的饥饿;我们所付的钱,也就是土豆的价格,只是一个象征,它本身不能解除我们的饥饿。

崇高的价值观也是如此。价值观是没有实体的抽象观念,它们的最终源头在于实相的某些方面。除了价值观所代表的实相,价值观本身并不实存。价值观只是激励人们去追求持久的满足，但它们本身无法带来那种满足。它们就像海市蜃楼，可望而不可即，激励着人们追求某种超越它们的东西。实际上，持久的满足只能经由对终极实相的超验觉悟而来。

印度文化中的实相导向

对生活的终极意义与目的的上述洞见始终为印度文化提供主要的驱动力。自古以来，"终极实相"这一导向为印度最优秀的心灵提供了基本训练。人们认为，如果以适切的方式遵循实相导向（Reality orientation），那么价值导向将自然而然地随之而来。直到现代初期，实相导向始终是印度教育体系的核心主题。正如《奥义书》中的儿童故事所表明的，实相导向早在童年时期就已开始，在《唱赞奥义书》中，我们看到，有个名叫萨底阿迦摩的男孩通过与自然交流直接获得了梵知，另一个名叫乌帕可撒拉的男孩因为师父拒绝传授梵知而感到沮丧。

西方文化中的价值导向

相反，价值导向一直是西方文化的主要特征。古希腊人有没有直接觉悟终极实相，这一点是不明确的。正如柏拉图著作中的讨论所表明的，希腊文化主要是价值导向的文化，这一传统成为西方人的遗产。虽然基督教造就了许多觉悟的圣人，但对终极实相神秘的直接经验从未成为西方文化的必要方面。

自柏拉图以降，西方文化始终珍视真、善、美，并把它们作为终极价值观。科学、社会服务和艺术分别被视为对真、善、美的追求，在这三个方面，西方取得了诸多值得赞赏的成就，但西方尚未发现通往持久的平静与满足的道路，也未能扭转衰退的趋势。几年前，日本高级信息与技术研究会（FAIR）基于若干研究小组的研究发表了一系列报告，其中一份报告说：

富裕社会已经改变了人们的欲望、行为模式和社会结构。这些变化包括一个新的上层阶级的形成，价值观的破碎，一种病态社会现象——所谓的"发达国家综合征"——的出现……这种综合征不仅影响了有关国家的经济，而且其症状渗入了政治领域和社会领域。结果是，发达工业社会不仅面临着经济活力的衰退，而且面临着种种社会混乱状态，比如政治统一性的减少、恐怖主义、犯罪、少年犯罪、自杀、焦虑和抑郁、酗酒、药物上瘾、行动意志丧失、性障碍等。

科学技术几乎把西方人的心灵导向了物质世界，西方文化已经变成彻底的物质主义文化。在这种形势下，传统价值观已经变得无效，这导致了价值观危机。这种危机的基本原因在于，西方的价值观思想不是根植于对终极实相的明确认识或理解。

在此，吠檀多对终极实相的洞见——作为存在-意识-喜乐（Sat-chit-ananda）的"梵"——之重要性显现出来。这一洞见可为西方的终极价值观——真、善、美提供急需的现实

第十一章 价值观，瑜伽与实相

支撑。我们可以把真、善、美分别视为透过摩耶的面纱所看到的意识、存在、喜乐。吠檀多经典说，梵在经验世界中显现为asti, bhati, priyam[①]，我们可以说，它们对应善、真、美。

瑜伽：价值观与实相之间的纽带

我们试图确立的主要论题如下：价值导向必须受到实相导向的支撑。价值观本身没有价值，是价值观背后的实相给了它们力量。价值观必须根植于实相。

这一原则不仅适用于哲学思想的高级层面，在那里，真、善、美表现为抽象观念或理想，而且适用于低级层面，也就是实践日常生活中的简单美德。单单向年轻人灌输价值观或美德是不够的，我们应该向他们表明，如何让价值观或美德在他们的生活中成为现实。告诉年轻人仅仅想要"无畏"是没用的，除非他心中根深蒂固的恐惧之因得到消除。告诉别人爱的"价值"有什么用，如果他没有从父母或他人那里得到过爱？

在此背景中，斯瓦米·维韦卡南达在有关胜王瑜伽的一次演讲中所说的内容值得引用：

> 我们在全世界听到"要从善""要从善""要从善"的教导。几乎没有一个孩子，无论出生在世界上哪个国家，没有被告知"不要偷盗""不要说谎"，但是，没有人告诉

---

① Cf. *Drig–Drishya–Viveka*, 20.

这个孩子,他如何才能避免那样做。光是那样说不能帮助他……只有教导他如何控制心意,我们才能真正帮助他。①

为了实现价值观,我们必须面对价值观所代表的现实。这需要自我训练,以自我约束、自我知识和内在专注的形式表现出来。这种自我训练在适当的时候带来意识的转变,那便是瑜伽的含义。关于这一点,斯瓦米·维韦卡南达说:

我们必须获得力量成为有道德的人,否则我们无法控制自己的行为。唯有瑜伽才能使我们把道德教导付诸实践。成为有道德的人,乃是瑜伽的目标。②

因而,瑜伽是价值观与实相之间的纽带。瑜伽把人们对价值的经验转变为对实相的经验。瑜伽给予我们力量去超越价值观,觉悟价值观所象征的实相。如果没有瑜伽,价值观就只是诗人和传教士的梦想。

不幸的是,在东西方,人们对瑜伽都有种种误解。在很多人看来,瑜伽只不过意味着一些体式练习。然而,真瑜伽是一种内在训练,通过自我知识、自我约束和自我引导的活动来转变意识。虽然这种转变有特殊技巧,比如智慧瑜伽、虔信瑜伽、胜王瑜伽等,但任何行动都能成为瑜伽——教育(教和学)可以成为瑜伽,艺术追求可以成为瑜伽,科学追求可以成为瑜伽,社会服务可以成为瑜伽。

---

① *The Complete Works of Swami Vivekananda*, 1:171.
② *The Complete Works of Swami Vivekananda*, 8:43.

第十一章 价值观，瑜伽与实相

更确切地说，人的整个生活可以转变成瑜伽。在《薄伽梵歌》里，克里希那将整个创造描述为"神的瑜伽"①。当然，我们这里谈论的"瑜伽"只是经验类型的瑜伽，但也很重要，其重要性在于如下事实：给予灵魂适切的实相导向。

双层展开

从不二论吠檀多的角度而言，瑜伽带来的意识转变是用来揭示或展开内部真我的一种形式。根据吠檀多的观点，人的真实本性既非身体，也非心意，而是称为"梵"的真我。真我的本质是纯粹、不变、自明的觉知，它是不朽的，是所有知识、快乐、力量的源头。而且，所有个体自我都是同一个宇宙至上真我的反射，然而，由于无始之无明——称为摩耶，我们内部的真我处于遮蔽状态。感知可以稍稍移除无明，让真我显现自身，真我之光作为知识揭示客体，这便是每一种知识得以发生的过程。对于这一过程，斯瓦米·维韦卡南达解释道：

> 知识在人内部，而不是来自外部，知识全部内在于人。我们所说的某人"知道"什么，按照严格的心理学说法应该是，某人通过消除灵魂的遮蔽而"发现"了什么，灵魂乃是无限知识的宝库。②

---

① *Pashya me yogamaishvaram, Gita,* 9:5; 11:8.
② *The Complete Works of Swami Vivekananda*, 1:28.

换言之，每一种知识——甚至连最低形式的感官经验——都是阿特曼自我显现的结果。

那么，普通的经验知识与崇高的超验知识之间的差别何在？答案是：虽然阿特曼的显现既发生在经验层面，又发生在超验层面，但知识的性质取决于它所牵涉的无明是什么类型。根据吠檀多的观点，无明有两种：经验无明或客观无明，以及因果无明或主观无明。第一种是有关经验客体的无明，而第二种是有关终极实相（真实本性阿特曼）的无明。

经验知识仅仅移除经验无明，这是发生在教育中的基本精神过程。虽然学习仅仅移除经验无明，但这足以给予我们外部世界的知识，激发个体心意中与生俱来的才能。也许，这就是斯瓦米·维韦卡南达的著名定义——"教育是人本具的圆满之显现"的含义。

不过，我们通过教育获得的这种经验知识不能移除因果无明，只有通过瑜伽获得的超验知识才能移除因果无明。当因果无明被移除，阿特曼的荣光全然显现，这种经验称为觉悟真我或觉悟神，乃是宗教的根本含义和目的。在现代，"宗教即（超验的）觉悟"的观点主要通过室利·罗摩克里希那和斯瓦米·维韦卡南达的教导广为人知。然而，斯瓦米吉不想让宗教经验单单局限于超验的层面；他想让崇高知识通过个体在世上的态度与行动自我显现，并帮助个体面对社会生活中的问题。由此，斯瓦米吉给了宗教一个新的定义——"宗教是人本具的神性之显现"。为了解释这一点，他在另一处说：

第十一章 价值观、瑜伽与实相

实际上，我的理想可以一言以蔽之：向人类宣扬他们的神性，以及如何让神性在生活的每一项活动中显现。①

所以，按照斯瓦米·维韦卡南达的观点，教育和宗教是同一个真我显现过程或觉悟真我过程的两个方面。对价值观的追求和对终极实相的探求乃是人内在的演化冲动在两个存在层面上的显现。这一观点把教育转变成了一种灵性训练，消除了神圣与世俗的区分，让生活成为一种无止境的奋斗——为了获得更高程度的爱、知识和幸福而奋斗。只有这种全面的观点才能让生活充满意义、和谐与平静，这是今日世界所亟须的综合的生活哲学。

民族精神特质

在我们当前的语境中，出现了一些相应的问题：印度在文化上如此富有，她何以在物质上如此贫穷？如果印度有功于发展一种崇高的哲学——有关灵魂的神性和生活的统一性的哲学，那么一些最糟糕形式的社会不公、剥削和歧视何以在印度社会留存了那么多个世纪？一个拥有浮夸的座右铭"唯独真理必胜"的民族，在今天何以被列为全世界最腐败、最不诚实的国家之一？甚至自古以来，在印度，非暴力与沉思就和持续不断的战争与凶杀并存，在今天则和社会残

---

① *The Complete Works of Swami Vivekananda*, 7:498.

暴与极端主义并存。我们需要解释上述悖论，以及如下悖论：一个教导世人宗教和谐的民族何以不断被宗教动乱和教族暴乱所撼动？

我们的解释是，在于印度民族奇怪的精神特质，这一点尚未得到应有的研究。不过，在进一步讨论之前，我们必须理解"一个民族的精神特质"真正意味着什么。这一说法由德国哲学家黑格尔提出，他说，每一个孩子都"吮吸着普遍精神特质的乳汁"。根据黑格尔的观点：

> 最明智的古人给出了如下判断：智慧和美德在于，跟本民族的精神特质和谐一致。[1]

这里的"精神特质"，他所使用的德语原文为sitten，意思是思想与行动的精神习惯。然而，没有英语单词可以充分表达这一概念，为了不依赖德文，习惯上使用希腊文ethos（中文翻译为精神特质）。

"精神特质"一词在《韦伯词典》上定义为"一个民族、群体或机构的识别特征、情操、道德性质或指导信念"。简单地说，它指的是一个民族、国家或共同体的精神特征。它代表着一个群体的精神态度之总和，以及对生活中的各种问题与形势做出反应的方式。麦肯齐

---

[1] Quoted in J.A. Mackenzie, *A Manual of Ethics* (Delhi: Oxford University Press, 1973), p. 330.

第十一章 价值观，瑜伽与实相

(Mackenzie) 说：

> 一个民族的精神特质构成该民族的最佳成员习惯生活于其中的氛围……它构成他们的精神活动的宇宙。[1]

印度拥有古老的文化，其灵性财富在全世界所有文化中是无与伦比的。印度的价值体系基于并旨在直接觉悟终极实相，它对人类的未来福祉负有伟大的承诺。然而，我们不能以同样的心境去谈论印度民族的精神特质，因为印度民族的精神特质具有严重的缺陷和短处。

印度民族的精神特质偏爱某些价值观的培养，比如弃绝、慈悲、贞洁、孝道、灵性训练，这个国家的人比较容易被激励去追求这些价值观。然而，印度民族的精神特质不那么喜欢追求其他某些价值观，比如公正、平等、科学的客观性、劳动的尊严、集体责任。这片土地的精神特质的不充分性构成了这个国家丧失政治力量、经济繁荣、智性活力、精神耐力的主要原因，以及在国际运动与竞赛上的表现令人沮丧的主要原因。社会暴政、种姓冲突、剥削穷人、焚妻和所有管理层面上的腐败仍存在于现代印度，这主要归因于该民族的精神特质。

印度民族精神特质的消极方面由若干因素促成，其中

---

[1] Quoted in J.A. Mackenzie, *A Manual of Ethics* (Delhi: Oxford University Press, 1973), p. 330.

最重要的因素为：种姓制度，它阻碍了不同层次之人的社会流动性；权术之害；民族隔离，它由人种、语言和地区差异所导致；对外国统治者的长期屈从；一种虚幻的哲学在民众中间的普及。无论促成因素是什么，我们都有必要了解印度民族精神特质的局限性，这是该民族在一些领域失败的主要原因。

如果印度要达成经济繁荣、集体社会福利、智性进步、国家整合、古老的灵性文化与价值观的更新，就需要民族精神特质的剧变——这是斯瓦米·维韦卡南达承担的主要任务之一。斯瓦米吉指出，19世纪的印度改革者们"犯了一个严重的错误，就是认为宗教应对所有令人恐怖的权术和堕落负责"，从而试图推倒宗教这座不倒的大厦。在斯瓦米吉陈述这一观点的几年前，德国社会学家马克斯·韦伯犯了同样的错误，在《印度的宗教》一书中，韦伯提出了如下问题：为什么印度尽管拥有先进的文化与财富，却没有成功地发展出一种技术文明？韦伯认为印度的宗教应对这种失败负责。然而，斯瓦米·维韦卡南达认为，宗教并没有错，印度的堕落不是因为宗教，而是因为宗教的那些充满活力的灵性原则没有被适切地应用于现实生活。[1]斯瓦米吉看到，印度的灵性文化是永恒价值观的宝库，可以帮助振兴印度和整个世界。然而，这并不意味着斯瓦米吉觉得印度的一切都好，"精神特质"一词在他的年代尚未开始流行，但他从未忽略一个事实——印度民族的个人性情和社会态度在若干方面是有缺陷

---

[1] *The Complete Works of Swami Vivekananda*, 5:22, 14.

的,并且他毫不犹豫地在必要的地方进行矫正。

现代印度是个矛盾的混合体,但如果我们记住民族的价值观与精神特质的区别,我们就有可能从正确的视角看待这些矛盾。

第十二章
健康,瑜伽与自我更新

自我更新的需要

我们来想想蜡烛的烛火,让它保持燃烧的是熔化的蜡的持续供应,这是科学家所称的"稳定状态"的一个例子。稳定状态是不间断地更新的状态。生命就是某种特殊形式的稳定状态。如果生命只不过是一股能量流,那么生物就无法保持不同的形式;而如果生物完全不变,那么它们比石头好不了多少。正是变化与稳定的结合,也就是既定存在模式的持续更新,给了每一个活生生的有机体以独特性。加拿大生物学家贝塔朗菲(Ludwig von Bertalanffy)说:

> 活的形式不是存在着,而是发生着;它们是一股连续不断的物质与能量之流的表达,它流经有机体(或细胞、族群),同时构成有机体。

第十二章 健康，瑜伽与自我更新

就生物而言，这股物质与能量之流似乎受到热力学定律的支配，这些定律也适用于试管、内燃机和其他"闭合"系统中的反应。热力学第一定律说，一切形式的能量，无论是化学能量、机械能量、电能量还是辐射能量，都是可以互相转化的；再者，在转化过程中，能量既不创造也不消灭。实验已经表明，生物遵循这一定律。热力学第二定律关系到能量变化的方向，它说，孤立系统自发地倾向于更大的无序状态。如果一滴蓝墨水落进一杯水里，就会立即扩散，直到整杯水变成蓝色。

生命总是倾向于更复杂的有序状态。生物从环境中获得比较简单的材料，并把它们变成复杂的身体组织。事实上，一些著名科学家，比如路易斯（G.N. Lewis）认为，生命是热力学第二定律的一个例外。但正如薛定谔（Erwin Schrodinger）所表明的：

> 活的有机体不是一个孤立系统，而仅仅是一个更大的能量系统的一部分，该系统由太阳来掌管，太阳是一切生物物理能量的最终源头。[①]

生命只能通过不断吸收环境中的能量来保持复杂的有序状态，一旦这种能量供应停止，生物也会自动进入无序状态，称为死亡，就像上述例子中的那滴蓝墨水一样。

单单是能量的不断供应不足以维持生命，还必须有一个

---

① Erwin Schrodinger, *What is Life?* (London: Cambridge University Press, 1951).

能够保持稳定的内部环境的系统,在烛火的例子中,除了熔化的蜡的稳定供应,烛火还需要稳定的烛芯。19世纪法国生理学家克劳德·伯纳德(Claude Bernard)指出,这个事实是活的有机体的基本特征,他有句名言:

一个稳定的内部环境是独立生命的基本条件。

后来,美国生理学家坎农(W.B. Cannon)造了"稳态"(homeostasis)一词来指自动调节的内部控制这一复杂机制,借此,一个活的有机体保持稳定的内部状态。[①]一个稳定的内部环境只能通过持续的自我更新过程来维持,这便是"稳态"的真实含义。

稳态和演化现象有着密不可分的关系。正是通过持续的自我更新,生命得以成长和演化。更确切地说,演化代表着生命不断地寻找新的方法来从环境中获得能量,以及不断地寻找更好的方法来实现自我更新。稳态和演化是活的有机体的两个最基本的特征,一切生物规律都包含在这两个特征之中。

自我更新和演化在生命的所有层面——身体层面、精神层面和灵性层面——运作着。在身体层面,自我更新采取的是新陈代谢的形式,即排出废物、血液循环、体温控制、稳定血压等,它通过复杂的激素协调和神经反馈协调来实现。疾病被认为是稳态崩溃的标志。药物的功能仅仅在于帮助身体恢复其稳态的平衡,当身体无法执行这一任务,就像在极

---

① 近年来,稳态原则被延伸至其他各个领域,比如生态学、林业、控制学、数字电脑等。

第十二章 健康，瑜伽与自我更新

高龄期和癌症之类的绝症中那样，死亡就随之而来。

人的心意同样需要不断的自我更新。一些科学家认为心意仅仅是大脑的特殊运作形式，但弗洛伊德、荣格和一些心理学家把心意视为一个自给自足的能量系统，有着自身独立的稳态。他们把心意分成两大领域：显意识领域和无意识领域（通常有夹在中间的前意识）。无意识是称为"力比多"（libido）的内在能量的仓库。显意识是自我（ego，即私我）的主要活动中心，自我不断试图抑制力比多，并与环境保持和谐。当自我无法执行这一任务，某些自动纠错的"防御机制"就开始运作。由此，整个心意充当一个稳态系统，其控制室就是无意识。当剧烈的情绪冲突使防御机制也失效时，将出现神经症、疯癫之类的精神疾病。

现代人的生活充满压力。噪声与忙乱所导致的心意不安、责任、决策、情绪刺激——这些使得大量的精神能量流失。结果是，即使没干体力活，人也感到疲劳。通常，无意识——精神能量的仓库——会补充丧失掉的能量，但有时不会补充，其中一个原因在于人的一些本能受到了"压抑"——无意识的压抑，另一个原因在于无法找到适切的生活理想或动力，或者无法打开新的通道来表达自己的抱负、才能与创造力。无论精神疲劳的实际原因是什么，它都表明心意无力更新自身。

忧虑、沮丧、神经疲劳和身心疾病是精神的自我更新没有正常运作的标志。西方科学无法解决这个问题，以及现代社会的其他心理-社会问题。这是因为，科学尚未真正理解生命和意识的本质。尽管科学家们新近对超感现象、非正常意识状态、生物节律、基里安光环、生物原生质（由苏联科学家Grischenko和Inyushin发现）和脑电波产生了兴趣，但他们对精神能量系统知之甚少。加拿大蒙特利尔国际压力研究所所长汉斯·赛利（Hans Selye）说："虽然我们命名了这种现象（指adaptation energy，适应能量），但对于这种能量是什么，我们仍然没有准确的概念。它肯定不是热量，因为即便我们吃得很好，疲劳仍会出现。"[1]科学仅仅制造了关于人的一幅破碎图像。

普拉那与稳态

关于生命的本质和起源，有两种观点。一是根据一些现代科学家的观点，生命源于物质，仅仅是物质的一个方面。二是认为生命是个自存的基本原则，遍布整个宇宙，物质和精神仅仅是生命的两种不同的显现。

在古代印度、中国和希腊流行的是第二种观点。印度圣人把宇宙的生命原则称为普拉那（prana）。"普拉那"一词最初指呼吸，后来指人内部的生命原则。因为整个宇宙被认为是个单一的有机体，所以普拉那表示宇宙的生命力，伐由（vayu，气）常被用作普拉那的象征。个体内部的生命力被称为"精神普拉那"，它仅仅是宇宙普拉那的一部分。

然而，普拉那从未被视为终极实相。根据《奥义书》的

---

[1] Hans Selye, "The Age of Stress" in PHP (Tokyo) December, 1979.

第十二章 健康，瑜伽与自我更新

观点，普拉那本身源于纯意识，后者被称为梵和阿特曼。[①]个体真我通过精神普拉那控制身体和心意，同样，神通过宇宙普拉那控制和管理整个宇宙。斯瓦米·维韦卡南达说：

……无论在何处，一切活动都是普拉那的不同显现。普拉那是电，是磁；它被头脑作为思想而输出。一切都是普拉那；普拉那推动着太阳、月亮和星辰。[②]

有了普拉那，我们就有了一个整体的生命原则，它把身体和心意、物质和生命在同一个普遍的稳态规则下结合了起来。更确切地说，普拉那是宇宙的超级稳态系统，控制着个体和宇宙的存在。

在个体那里，一部分精神普拉那以休眠状态留在脊柱底部，被称为昆达里尼（Kundalini）。人们认为，剩下的精神普拉那沿着两条主脉运行，这两条主脉称为左脉（ida）和右脉（pingala）。从这两条脉，普拉那以某种方式渗入整个有机体，在整个身体和心意中自由运行，为每一个细胞和每一个思想提供能量与生机。印度瑜伽士发现，通过控制左脉和右脉，可以控制普拉那在身体和心意中的流动。左脉和右脉是整个人格的稳态管理者。

普拉那在中国和日本被称为"气"。中国古代的大师们绘制了气在全身运作的线路。根据他们的观点，疾病是由气的自由流动失衡所导致的。他们发现，在某些穴位扎入

---

① *Prashna Upanishad*, 3.3.
② *The Complete Works of Swami Vivekananda*, 2:30.

银针,可以调整气的流动,从而治愈疾病,这是针灸治疗的基础。

在古印度,身体和心意没有被当成两种分离的存在,这和现代医师的观点不同。古印度的医学本身被称为阿育吠陀,即生命科学。公元前6世纪的阿育吠陀作者苏胥如塔(Sushruta)把疾病定义为各种身心痛苦的结果。[①]根据古代所有医学权威——苏胥如塔、伐巴塔(Vagbhata)、阿格尼维夏(Agnivesha)和遮罗迦(Charaka)的观点,一切疾病的基本成因在于身心能量系统的扰乱,身心能量系统由三大体液(dhatu,界)构成:瓦塔(vata,风),皮塔(pitta,胆汁)和卡法(kapha,痰)。他们都强调心意在导致体液失衡方面的作用。他们持有整体的人观,他们的健康观念为satmya,字面意思是"与真我和谐";疾病则是vikara,即偏离自然状态,或者anatmya,即与真我不和谐。

这也是瑜伽的基本观点。瑜伽的目标在于建立真我的主权(svarajya),为此,身体和心意必须变成阿特曼的完美工具。如果身体和心意不和谐,那么冥想生活就会变得困难,甚至连日常生活也会变得痛苦。正是这一理解导致了称为"哈达瑜伽"的瑜伽体系的发展。哈达瑜伽把疾病视为普拉那的稳态平衡的扰乱,由左脉和右脉的不对称运作所导致,哈达瑜伽试图通过某些体式和调息等让左右脉的运作恢复正

---

① *Sushruta Samhita*, 3.3.

第十二章 健康，瑜伽与自我更新

常。①在不胜任的人手里，哈达瑜伽的一些技巧可导致有害的结果，灵性导师理所当然会劝阻追求者不要采用这些技巧。我们应该记住，在每一种瑜伽那里，身心运作的和谐，也就是整个人格的整合，乃是第一步。室利·罗摩克里希那把瑜伽定义为平衡。②平衡可以通过心意净化、虔信神、自我分析或控制左右脉来达到，选择达到平衡的方式取决于你所修习的瑜伽类型。

接下来我们谈谈宇宙普拉那。在宇宙中，就像在个体中那样，存在着一种天然的和谐，也就是平衡，中国圣人称之为"道"。百川归海，云行雨施。同样，有地球和行星的循环运动，洋流和气流，生物节律，动植物世界的生命平衡，等等。《伽陀奥义书》说，这种宇宙秩序，即平衡、稳态，就是普拉那在至上大灵控制之下的运作。③室利·罗摩克里希那所称的神的瑜伽，正是整个维拉特（virat，显现的宇宙）的这种宇宙规则。④在《薄伽梵歌》第十一章，阿周那瞥见了这种惊人的无限存在。

---

① 这代表着瑜伽在后来的发展。帕坦伽利的身体疾病（vyadhi）概念在毗耶娑对《瑜伽经》1.30的注释中得到了解释："疾病是体液与十根的不和谐。"根据帕坦伽利的观点，精神忧虑的原因在于罗阇与答磨占优势，萨埵占劣势。普拉那作为整个身心平衡器的概念由纳塔派瑜伽士（Nath Yogis）和其他瑜伽派别及密教派别在几个世纪之后发展出来。
② 《薄伽梵歌》2.48。
③ 《伽陀奥义书》6.2。
④ 《薄伽梵歌》9.5；11.8。

低级瑜伽和高级瑜伽

梵文词典中,"瑜伽"一词的含义如下:"重要的预备(或保障),手段,冥想,结合,联结。"[1]正是在"联结"这一意义上,瑜伽一词在吠檀多经典中广泛使用。我们前面谈到,克里希那在"联结"的意义上用瑜伽来使个体内部和宇宙内部达到平衡。不过,瑜伽一词最通常的用法是指个体和宇宙的联结。

生物内部的平衡是一种不断自我更新的状态。身体更新所需的空气、水、食物和其他必要之物,由物质宇宙中进行着的广大的自我更新过程不断提供;为了适切地利用它们,身体必须与外部世界相和谐。同样,精神更新所必需的观念与精神能量存在于精神宇宙当中,前者必须与后者相和谐。错误的生活方式、憎恨、嫉妒、恐惧、怀疑和错误的思想方式在物质层面和精神层面堵塞个体和宇宙的接触通道。这便是所有身体疾病和精神痛苦的原因。同样,虽然阿特曼(个体灵魂)是梵(无限大灵)永恒的一部分,但自我本位与无知在二者之间制造了分离。结果是,人无法达到至上喜乐与彻底满足。瑜伽是在身、心、灵三个层面移除障碍的努力。瑜伽是一种整体训练,目标在于人的全面发展。人无法在孤立中发展,瑜伽所做的是在身、心、灵三个层面整合个体和宇宙。

人的整个生活实际上就是一种瑜伽,它是神永恒的、自

---

[1] *Amarakosha*.

动运行的宇宙瑜伽的一部分。但由于无明,我们不断把生命转变成欲乐(bhoga),从而篡改了这种自然瑜伽。欲乐是对自然的误用和滥用,它通过放纵和自我本位而与大生命不和谐。这是人的所有痛苦的主要原因。我们所称的瑜伽仅仅是一种自觉的努力,它让身、心、灵向神的宇宙瑜伽之节律敞开,从而努力恢复天然的和谐,恢复能量的平衡。这种敞开可以通过自我牺牲(行动瑜伽)、自我控制(胜王瑜伽)、自我臣服(虔信瑜伽)或自我分析(智慧瑜伽)来达成。

我们在瑜伽中的角色仅仅是自觉地完成向宇宙意识的敞开。自我觉知是我们必须在瑜伽中保持的唯一一样东西,瑜伽的实际运作则属于神的瑜伽的自然过程。瑜伽只在被自觉地、有意地修习的范围内,才是瑜伽;任何无意识地完成的东西,无论是行动还是唱诵,都不是瑜伽。吃是为了满足自然需求,但当我们带着全然的觉知——食物是普拉那的一种形式并将在体内重新转变成普拉那——去吃时,吃的行为就变成了一种瑜伽或启明,称为pranagnihotra vidya。① 以这种方式,每一项行动都能转变成瑜伽,方法是自觉地去做,并认识到个体和宇宙的联结。

如果说我们对瑜伽的主要贡献在于我们的觉知,那么理所当然,通过增强我们的觉知,可以增强瑜伽修习,这是我

---

① 详细内容参见《唱赞奥义书》5.19-24。吃饭之前,正统印度教徒把五口食物放进嘴里,作为对五气的献祭,一边念诵:pranayasveha, apanayasvaha, vyanayasvaha, udanayasvaha, samanayasvaha。这些曼陀罗也在向神祭祀食物时念诵。见《大森林奥义书》第69部分。

们需要注意的一个要点。正是通过增强觉知，我们加速灵性进步。如何增强觉知？要通过两件事情——

第一，增强觉悟真我的渴望；

第二，把意识扩展到每一个生活领域当中，就是说，对于饮食、说话、工作和日常生活中的其他正常活动变得越来越有觉知。

不可否认，初学者难以带着全然的自我觉知去自觉地履行一切活动，他最多只能间歇性地保持警醒，因为在大部分时间里，他被无意识的思想之流卷走。只有当菩提觉醒，阿特曼之光开始照亮心意，带着全然的觉知去修习才成为可能。那时，瑜伽就变成完全自觉、完全自主的了。为了把真瑜伽和日常生活中的自然瑜伽区分开来，室利·罗摩克里希那把前者称为菩提瑜伽。[①]它是受到菩提的引导和控制的瑜伽，菩提就是我们内部真正的灵性中心。克里希那说的菩提瑜伽指的不是一个特殊的瑜伽体系，而是每一种瑜伽的高级阶段。带着觉醒的菩提修习的任何瑜伽，无论是行动瑜伽、胜王瑜伽、虔信瑜伽还是智慧瑜伽，都是菩提瑜伽。上述讨论表明，瑜伽有两类：低级（apara或gauna）瑜伽和高级（para或mukhya）瑜伽。

低级瑜伽是带着未觉醒的菩提修习的瑜伽，它努力消除意识中的低级本能和精神自动作用。低级瑜伽的第一步是净化身体和心意。受制于暴食、性和恶习的身体是不净的、失衡的；同样，充满不净思想的心意是不净的、失衡的。身

---

① 《薄伽梵歌》2.49；10.10；18.57。

第十二章 健康，瑜伽与自我更新

体和心意都需要通过良好习惯、无私行动和践行美德（比如诚实、纯洁、非暴力）来净化。第二步是通过简单的专注形式，比如祈祷、崇拜、念诵神名、调息等，让左脉和右脉的运作相和谐。每一种瑜伽都有其低级阶段。在胜王瑜伽中，低级阶段为禁制、劝制、体式、调息、制感和专注；在虔信瑜伽中，低级阶段为侍奉所虔信者、祈祷、崇拜等；在智慧瑜伽中，低级阶段是无私行动、研习经典、分辨等。同样，每一种瑜伽都有高级阶段，那就是当它变成菩提瑜伽之时。

在低级瑜伽阶段，追求者几乎完全身在普拉那的领域，他犹如落水之人，正在奋力自救。当以强烈的渴望修习低级瑜伽时，就会导向菩提的觉醒，即高级意识的黎明。此时，追求者就像站在河岸上的人，得以目击普拉那之河在深沉的寂静中流过。在低级阶段，他意识到的只是宇宙生命，即宇宙普拉那，或动植物生命的演化之轮。但现在，在高级阶段，他的菩提向宇宙意识敞开，他进入了一条新的灵性演化道路。通过低级瑜伽获得的自我更新是普拉那的更新，而通过高级瑜伽获得的自我更新是意识的更新。在灵性生活中，这两种自我更新都很重要，如果其中一种有缺陷，那么灵性发展将会停止。

这就是说，灵性生活需要持续的自我更新。世俗的尘埃落在灵魂之上，有必要时时勤拂拭。室利·罗摩克里希那有一天问他的古鲁陀拉普利（Torapuri）：为什么达到最高觉悟之后，依然要定期修习冥想？这位高僧指着他亮闪闪的黄铜水罐说，如果他不每天擦拭，这个水罐就会失去光泽。

灵性自我更新的方法

除了阿特曼——真我,宇宙中的一切都在变化。我们的"我",即私我或低级自我,仅仅是真我在心意上的反射。由于心意本身是发展变化的,所以私我不是个永恒的实体。一个人的童年、青年和老年的私我是不同的,随着成长,我们的私我不断地变化。我们的过去散落在我们曾经拥抱和珍惜,并为之痛苦和奋斗的那些私我之中。宗教教导我们如何抛弃不净而有罪的私我,并依照神的形象建立一个新的光芒四射的神圣真我。

佛教僧人在同修面前坦白自己的错误,并唱诵《波罗提木叉经》,由此来摆脱罪感。天主教徒通过向牧师忏悔来净化自身,然后通过圣餐恢复心中的圣灵,他通过更新心中的神圣临在来更新自我。

在印度教中,罪的清除(aghamarshana)方法就是把个体意识和宇宙意识相联结。有几种联结方法,其中一种是借助桑迪亚崇拜(Sandhya worship)。在神圣的黎明曙光出现的时刻,崇拜者独坐,面朝太阳——维拉特或宇宙生命的象征,然后,通过一个简单的仪式将不净的自我献祭给宇宙意识的光辉,让这种光辉将它净化和照亮。他喝一小口水,唱道:

愿太阳(维拉特)、我的意志力(manyu)和主宰之神保护我,让我不会故意犯错。愿夜晚抹去我的思想、言语、双手、双脚、胃和生殖器在昨夜犯下的任何罪行。我现在献上

第十二章 健康，瑜伽与自我更新

我自己，连同那些罪行在我心中留下的潜在印迹，以此为祭品，献给不朽之源——太阳所代表的宇宙意识之光。①

这个仪式看上去也许仅仅是想象或自我暗示，但如果一个真诚的灵性追求者怀着深刻的信仰履行这个仪式，那么它会逐渐净化履行者的自我。甚至连一个完完全全的世俗之人也会发现这个仪式能够让他以清醒的头脑和更大的自信面对当天的问题。

祭祀的目的就是自我更新。在吠陀时代，祭坛被视为宇宙的微型复制品，奉献祭品是参与宇宙祭祀的行为。当小麦成熟时，就被献祭出去，以便新的小麦可以在原先的位置上生长。同样，整个宇宙通过复杂的宇宙祭祀更新自身。把祭品投入火中被认为是：把旧的低级自我献祭出去，以便创造新的高级自我，能够向宇宙意识敞开。渐渐地，侍奉——圣人（rishi-yajna）、诸神（deva-yajna）、祖先（pitru-yajna）、同胞（nir-yajna）、其他生物（bhuta-yajna）。这五种侍奉被称为五大祭祀（panchamahayajna）。人们发现，通过侍奉（服务），可以把低级自我净化为高级真我。关于这一点，摩奴做总结："通过反复履行（五种）伟大的祭祀（或服务），人的身体变得神圣。"②正是这种学说——通过侍奉或服务来圣化自我——被《薄伽梵歌》发展成了行动瑜伽的训练。在大多数人那里，把个体自我和宇宙联结起来的通道被贪婪、憎恨、恐惧和其他情感堵塞，行动瑜伽清理这

---

① 类似的曼陀罗在夜晚对着火念诵。
② *Manu Smriti*, 2.28.

些通道，恢复联结。真正的行动瑜伽士感受到宇宙生命在他那里自由通行，并体验到永久的自我更新所带来的震颤。

正如我们前面指出的，每一种瑜伽都是实现自我更新的手段。瑜伽士把自己的普拉那视为祭祀之火，并把所有行动作为祭品投入火中。[①]在称为puja的密教崇拜形式中，崇拜者经由一个称为元素净化（bhuta-shuddhi）的过程，在昆达里尼之火中烧掉低级自我（papa purusha），并创造一个新的神圣自我。精神崇拜（manasa-puja）如果怀着信仰和专注进行，那么它在净化和更新自我方面与外在崇拜一样有效。对桑耶辛（弃绝者）而言，他的阿特曼本身就是他的祭祀之火，他的整个生活就是一场持续的祭祀。[②]所以，商羯罗在著作中把桑耶辛描述为阿特曼献祭者（atma-yajin）。出家为僧的仪式称为viraja-homa，是烧掉低级自我、恢复真我——阿特曼的象征必性活动，桑耶辛将阿特曼称为hamsa，即天鹅。有些桑耶辛每天在精神上履行viraja-homa，这使他们能够不断更新自我，让阿特曼之火始终在他们心中燃烧。

自我更新的最佳方式是冥想。如果适切地进行，那么冥想将搅动整个无意识，并向显意识敞开无意识的内容。在适当的时候，冥想将打开通往超意识的大门，进一步让个体意识和宇宙意识联结。由此，冥想实现整个人格的彻底更新。当我们坐下来冥想时，我们应该想着：个体灵魂正沉浸在存在-意识-喜乐的光辉之流中。如果整天保持这种觉知，那么我们将体验到自我在意识深处不断更新的喜乐与奇妙。

① 具体操作过程见《薄伽梵歌》4.24-32。
② *Manu Smriti*, 6.38.

第十二章 健康,瑜伽与自我更新

每天,太阳在一个新的世界升起,因为世界不断更新自身。继续在过去的阴暗房间里徘徊,执着于旧我的影子,将妨碍人参与宇宙生命的不断自我更新过程。如果没有不断的自我更新,那么我们的生命就会变得停滞、单调、缺乏意义。从祈祷与崇拜之火中,从祭祀与服务之火中,从瑜伽与冥想之火中,从弃绝之火中,让新的光辉真我每天升起,向宇宙意识的节律敞开!

第十三章
快乐的法则

有意无意地，众生都在追求快乐。追求快乐是所有人最基本的冲动之一。

人人都在不断地履行各种行动，每一行动的背后都有一个动机，即使行动者可能并不总是清楚自己的真实意图。弗洛伊德及其追随者已经表明，无意识的驱动乃是日常生活中的一个重要心理事实。有句梵文谚语说，"甚至连笨蛋也不会毫无目的地行动"①。在这一背景下，产生了一个问题：人类所有行动是否具有一个普遍动机？东西方哲学家尝试过以不同的方式进行解答。

根据吠檀多的观点，所有行动背后的动机在于追求快乐，"快乐"一词被用来概括各种形式的积极体验——从感官享受直到最高的梵乐。《泰帝利耶奥义书》把最高的实相等同于喜乐，并追问道："谁能离开快乐而活？"②人人

---

① *Subhashita.*
② 《泰帝利耶奥义书》2.7.1。

第十三章　快乐的法则

都在想，"愿我快乐，愿我没有痛苦"（sukham me bhuyat, duhkham me ma bhuyat）。众生，包括最低等的微生物，似乎都在本能地避开痛苦。我们自然而然可以推论出，众生都在积极地、有意地追求快乐，虽然可能并不总是那么明显，但至少是间接地追求快乐；一切生命活动都与这种基本冲动——追求快乐的冲动相连。

人的生活或多或少是对这种或那种快乐的持续追求，但悖论是，快乐似乎总在逃避我们的追求。在题为"觉悟的步骤"的演讲中，斯瓦米·维韦卡南达把人追求快乐比作石油工人的阉牛绕着压榨机转啊转，希望吃到那一小捆绑在眼前的牛轭上的稻草。[1]

我们想要无限的快乐，但我们在这一方向上的努力受到某些自然因素的制约。

在这些制约中，最重要的是无明。除了目前大家似乎十分了解的摩耶或"宇宙无明"，还有较小的"无知"，比如对心意的运作无知，对未来无知，等等。

第二个制约是无能为力，也就是身体、感官和心意的固有局限性。

第三个制约是享乐对象的缺乏。

这些障碍使我们无法满足享乐的欲望，而这带来痛苦。痛苦是快乐的缺乏。

为了摆脱痛苦，人起先寻求世俗手段，但发现世俗手段不够充分[2]，因而，人转向超自然手段，寻求人格神的帮助。

---

[1] *The Complete Works of Swami Vivekananda*, 1:408.

[2] Cf. *Samkhya Karika* of Ishvarakrishna, 1.

这是大多数非印度宗教的状况。另一方面，在印度，对解决痛苦问题的渴望促使古代圣人们探索生命的奥秘和自我的真实本性。通过深刻的反思和直接经验，他们发现了关于存在、意识和快乐的一些重要真理。为了将它们清晰地表达出来，圣人们把其中一些真理以法则的形式编纂起来，我们将在下面进行讨论。这里使用的"法则"一词不是指任何严格的因果关系，而仅仅指根据某些人类经验模式来组织观念。

快乐的第一法则

快乐的第一法则：众生存在于不同的意识层面上，每一意识层面都有一个特定的快乐程度。

第一法则讨论的是快乐的来源。是什么让我们真正感到快乐？快乐的来源是什么？快乐来自外部，来自世间客体吗？根据吠檀多（一个基于《奥义书》的古老的哲学体系）导师们的观点，快乐是人的真我（称为阿特曼）的内在本性。快乐并非来自外部，并非在于外部客体，而是源于内部。阿特曼是一切快乐的真正源头。

那么，阿特曼是什么？阿特曼是人的真我。我们所知的"我"是假我，在"我"或私我的背后或上面，是真我，称为阿特曼。阿特曼的本质是纯意识、纯喜乐。

吠檀多导师们把人格描述为三个部分：身体、心意和阿特曼。身体和心意分别由粗糙物质和精微物质组成，唯有阿特曼的本质是纯意识、纯喜乐。

阿特曼是称为"梵"的无限意识和喜乐的一部分或反

射,梵俗称为自在天(Ishwara)或神。这意味着,我们的真实本性是神。但由于无明,我们不知道自己真实的神圣本性。斯瓦米·维韦卡南达用一个警句把阿特曼、梵和无明这三个概念结合了起来:"每一个灵魂都具有潜在的神性。"

除了"灵魂的潜在神性",古代吠陀圣人们还发现,个体人格(称为"小宇宙")和宇宙(称为"大宇宙")是根据相同的基本模式构造而成的。小宇宙有五个意识层面,与此对应,大宇宙也有五个层面。

快乐的第一法则说明的是,这五个意识层面中的每一层都有特定种类或特定程度的快乐,只要一个人停留在该层面,他就只能获得那种特定程度的快乐。

《泰帝利耶奥义书》(依据商羯罗的注释)把人格描述为由五鞘构成:粗身鞘(annamaya kosha),能量鞘(pranamaya kosha),心意鞘(manomaya kosha),智性鞘(vijnanamaya kosha),喜乐鞘(anandamaya kosha)。这些鞘不是空的,而是充满了意识。根据吠檀多的观点,终极实相或梵具有绝对的存在-意识-喜乐的本性,人的真我(阿特曼)与梵同一。每一个鞘都代表着一个存在和意识的层面,梵的至上喜乐通过每一个鞘滤出,产生与每一个鞘相称的经验之乐。

"'我'意识"(I-consciousness)可认同于任何一个鞘,正是这种认同决定了一个人的性格与性情。在粗糙的感觉主义者那里,"我"完全等同于粗身鞘和能量鞘,他的快乐只是感官享乐,源于感官和外部客体的接触。在智力发达的人那里,"我"主要等同于心意鞘,但他有时下滑到更低的层面。灵性生活始于一个人自觉地试图把自己的意识中心或"我"转移到智性鞘的层面。每一个鞘的经验不会丢失，而是以潜在印迹的形式记录在鞘里。

《泰帝利耶奥义书》还谈到了宇宙性存在的五个层面，对应个体的五鞘，因为根据吠檀多的观点，大宇宙和小宇宙同构。我们可以把每一个宇宙层面看成一个环绕着宇宙神圣中心的不可见的巨大轨道，每一个体意识沿着这样的轨道运行，遇见不同的客体，获得不同种类的个人经验。快乐的第一法则说明的是，每一个宇宙层面都有一个特定的快乐程度与之相连。

快乐的第二法则

快乐的第二法则：与每一个意识层面相连的快乐程度独立于外部事件。

这意味着，只要一个人停留在某个意识层面，他就只能获得该层面所具有的快乐程度，无论他所做的是什么类型的工作，所处的是什么类型的环境。虽然他遇到的客体性质可能不同，因而他的经验性质也就不同，但他获得的快乐程度保持不变。饿的时候，一个人可能会用大米和热咖喱做的南印度餐填饱肚子，另一个人可能会去吃西餐，还有人可能偏爱中式菜肴，然而，他们从缓解饥饿中获得的快乐是一样的。

我们所生活的宇宙是如此复杂，以至它常被称为"多元宇宙"（multiverse）。它充满了断裂和神秘的物理常量，其

第十三章 快乐的法则

中有许多已被现代科学家发现。水在100摄氏度沸腾，无论提供多少热量，都是如此。原子内部的电子运动局限于某些电子层，每一个电子层都有特定数量的量子。人的内心世界也充满断裂与常量，遍布一切的梵乃是唯一连续的、不变的基础。我们的内部常量之一是与每一个意识层面或次级层面相连的快乐程度。只要我们停留在一个特定的意识层面，我们就只能获得该层面的特定快乐程度，我们无法通过任何外部手段来增加这种快乐程度。

我们通常认为，快乐取决于我们所从事的工作，或者我们所拥有的财富数量。这是人类的一个巨大错觉。我们能说，处理血和脓的医生的快乐大于犁地的农民的快乐吗？我们能说，拖着鼓胀的行李箱东奔西走的商人比小学老师快乐吗？无论我们是医生、工程师、办公室职员、农民还是学生，只要我们停留在特定的意识层面，我们就只能获得相应程度的快乐，无论我们从事的是何种工作。

这个重要的原则乃是行动瑜伽的基础，除非我们理解它，否则我们就无法领会行动瑜伽的奥秘。行动并不创造快乐，而只是激发我们内在的快乐，但由此被激发的快乐之程度与我们所履行的行动之类型无关。明白这一真理，我们就会停止抱怨工作，停止抱怨他人；竞争与嫉妒从我们心里消失，我们获得精神平静。明白这一真理会让一个学生成为更好的学生，他不再仅仅为了通过考试或找到工作而学习，也为了知识的快乐而学习。这一真理让医生、工程师、商人不仅为了挣钱而工作，而且为了工作的快乐而工作。在关于"行动瑜伽"的演讲中，斯瓦米·维韦卡南达说，"每一个人在自己的位置上都是伟大的"。鉴于我们对快乐的第二法则的说明，这个道理很好理解。

在像印度这样非常贫穷的国家，人们可能无法直接而广泛地认识第二法则的意义，但在富裕的西方社会，人们正在越来越多地欣赏它，尽管不是以我们这里呈现的方式去欣赏。在令人深思的著作《占有或存在》中，西方著名心理学家和思想家弗洛姆（Eric Fromm）强有力地主张，现代社会的重建需要遵循类似的原则。①

快乐的第三法则

快乐的第三法则：努力只需用在移除快乐的障碍上。

如果我们的快乐独立于外部事件，就像第二法则所说的那样，那么显然，静静地坐在一个地方，什么也不做，就能获得行动可以给予我们的全部快乐。实际上，这个道理是冥想生活的基础。然而，行动在我们的生活中扮演的是什么角色？行动的需要究竟何在？

首先，行动是移除快乐的障碍所必需的。一口井或一条河可以成为固定水源，但为了得到水，我们必须把水桶放进去。这一努力本身并不制造水，但却是克服重力的障碍把水桶装满水所必需的。同样，在我们内在深处，有一股长年不断的喜乐之流，但我们必须付诸努力，才能克服拦在路上的障碍，得到喜乐。只在移除快乐的障碍方面，行动才是我们

---

① Eric Fromm, *To Have or To Be?* (New York: Harper Row, 1976).

所需要的，但我们很少带着这种观念去行动。相反，通过无知而无心的行动，我们只是在制造更多的障碍，我们的行动常常导向挫败或无聊。然而，当我们懂得，行动的真正目的在于移除障碍，从而帮助内部的快乐显现出来，那么我们对行动的整个态度将会改变，我们将把行动看成灵性进步的重要辅助。

我们期待用行动来移除的快乐的障碍是什么？障碍有许许多多，主要是错误的情绪驱力，诸如贪婪、憎恨、嫉妒、虚荣等。这些障碍全都源于一个基本的缺点——自我本位或自私。自私是一层厚厚的面纱，遮蔽了灵魂，除非我们至少部分地揭起这层面纱，才能发现隐藏在它下面的真实快乐。消除自私的最佳方式，就是为同胞服务，这对于大多数人而言是唯一的方式。行动是推倒真我四周的狱墙，释放被拦截的内部喜乐所必需的。

其次，所有人都有一种内在的创造冲动，而行动是表达这种冲动所必需的。宇宙能量流经我们，唤醒我们的潜在印迹，迫使我们去行动。宇宙能量不可阻挡，必须通过创造活动引导它流进正确的渠道。因而，行动是一种基本需要。只有当一个人完全摆脱了自私，并成功地引导创造性能量不断流进高级灵性渠道，才能生活而不行动，只有这样的人才能过上一种专门的冥想生活。

快乐的第四法则

快乐的第四法则：人类具有追求更高形式之快乐的冲动。

商羯罗在对《伽陀奥义书》的注释中说:"人人皆有越来越高的向往。"①人的心中有一种目的论的冲动——从低级存在状态上升到高级存在状态,而支撑着这种冲动的动力在于人对更高形式之快乐的渴望。这种冲动在灵性之人身上清晰地显现出来,但甚至在其他人那里,它也存在,要么以初步的形式存在,要么被遮蔽,要么被更为基本的激情所支配。史怀泽(Albert Schweitzer)曾说,甚至在非洲丛林里,传教也并不困难,因为连最原始的部落也有明显的道德意识。18世纪伟大的哲学家康德把道德定义为"绝对命令",即一种存在于所有人心中的不可阻挡的冲动——有道德地行动,但他无法追溯道德的实际源头。他常说,有两样东西让他感到困惑:我们头顶的星空和我们心中的道德律。

事实上,在每一个人那里,都有追求更高形式之快乐的冲动,这种冲动在对终极价值观(真、善、美,最终是解脱)的追求中得到表达。这种普遍的冲动被称为实现价值或追求意义,它位于哲学、社会服务、艺术和宗教的根基处。正是这种社会心理的演化冲动把人和动物区分开来。这种目的论的冲动超越了生物性存在的限制,甚至超越了理性头脑的限制,斯瓦米·维韦卡南达把它定义为宗教。根据斯瓦米吉的看法,每一个人都具有潜在的神性,就是说,每一个灵魂都具有获得灵性觉悟以及由此而来的至上喜乐的能力与冲动。

人有多层次的需求,相应地,有不同种类的快乐。印度

---

① 商羯罗对《伽陀奥义书》1.28的注释。

的经典著作把快乐划分为若干等级，最低的等级是感官之乐（vishayasukham），这种快乐始终是一种不连续的经验。任何感官经验被推到某个极限，就会走向饱和，甚至使人反感。为了克服这一缺陷，人不断追求各式各样的感官经验，而现代世界几乎提供了无限多样的方式去满足感官。

比感官经验更高的是智性之乐（bauddhikasukham），它是我们通过学习、学术成就、科学研究、音乐、艺术和其他智性追求获得的快乐。对他人的无私服务也带来另一种纯粹的快乐。更高、更纯粹形式的快乐是自我控制之乐（shamasukham），它不是感官活动的结果，不依赖于外部客体，因而是连续的、持久的。当感官经由长期修习而受到控制，人就体验到更大的平静——一种纯粹的快乐，不受心意变幻和外部客体变迁的扰动。对神强烈的爱使心意远离感官对象的吸引，是一种高级形式的快乐。

比这种快乐更高的是超验类型的快乐，称为真我之乐（atmasukham），也就是不同于身心的个体真我的纯粹快乐。我们无法仅仅通过道德生活或因袭的虔诚活动来获得这种快乐，它是灵性真正觉醒的结果，是一个真诚的灵性追求者或许在多年的热切努力下所获得的第一种真正的灵性经验，他在内心深处直接感知真我之光，这使他永远超脱虚幻的感官快乐。这种真我之乐为灵魂带来一种巨大的满足感。

然而，印度的经典著作还谈到了一种更高程度的快乐，称为梵乐（brahmananda），它是直接觉悟梵的结果。灵魂觉悟无限的终极实相，体验到无限的喜乐。只有当人们开始体验到这种无限而永恒的喜乐，他的永不满足和对快乐的无限追求才会终止。正如《唱赞奥义书》所言：

唯有无限者（bhuma）才是真快乐，
有限者（alpa）之中没有快乐。①

体验到这种至上喜乐，人才能在生活中感到满足，而不再直接或间接地获取满足。

快乐的第五法则

快乐的第五法则：为了获得更高程度的快乐，必须引发"'我'意识"中的相应转变。

我们前面谈到，根据快乐的第一法则，每一个意识层面都有其特定程度的快乐，根据快乐的第二法则，这种特定程度的快乐独立于外部事件。现在，快乐的第五法则说，更高形式的快乐，也就是不同级别的灵性喜乐，无法通过"大飞跃"突然获得，而只能通过引发"'我'意识"中的转变来获得。

我们的常规意识受制于感官世界，而普通的感官无法揭示属人存在或神圣存在的其他任何状态。如果我们想要揭开更高的存在层面及其相应的灵性喜乐之奥秘，唯一的方法就是转变"'我'意识"。

《泰帝利耶奥义书》谈到了各个等级的天界存在者的喜

---

① 《唱赞奥义书》7.23.1。

第十三章 快乐的法则

乐。让我们以一个拥有健康、财富、雄心、学识和能力的青年为基准,该《奥义书》说,比这个青年的快乐多100倍的,是Manushya-Gandharva的快乐;比后者的快乐多100倍的,是Deva-Gandharva的快乐;等级更高的依次是祖灵、诸神、Karma-Devas、因陀罗、毕尔哈斯帕提(Brihaspati)、生主(Prajapat,或维拉特)和金胎的快乐,其中每一个的快乐都比前一个的快乐多100倍。[①]《泰帝利耶奥义书》进一步说,这些天界存在者加起来的快乐等于超脱欲望、具有灵性知识之人的快乐。换言之,通过转变自己的意识,人可以达到每一个天界存在者的状态,体验到该状态自然而然具有的喜乐。前面谈到的天界存在者的等级代表着意识的等级,与某个意识等级相应的快乐只能通过达到该意识等级来获得。

《蛙氏奥义书》说,人的自我具有四个维度:

第一,最低的维度是醒态(vaishvanara)或受缚于感官的自我,它给予粗身以活力;

第二,较高的是梦态(taijasa),它居于智性鞘(vijnanamaya)中,支撑着精身;

第三,更高的是深眠态(prajna),它等同于因果身;

第四,自我最终且最高的维度称为图利亚(turiya),在此,个体性和普遍性的分别不复存在。

我们可以把自我视为一架内在的梯子,其梯级代表着越来越高的意识层面。如果我们想要更高形式的快乐,那就必须攀登这架梯子,换言之,我们必须经历"'我'意识"的

---

① 《泰帝利耶奥义书》2.8.2–4。

逐步转变。在自我的低级维度，存在、意识、快乐被视为分离的范畴；随着人的自我意识经历转变与扩展，他发现这三个范畴开始会合；在自我的最高维度，它们最终融合，成为一个不可分、无限、终极的实相，我们称之为存在–意识–喜乐（sat-chit-ananda），"'我'意识"消失其中。

由此，我们发现，快乐乃是我们的真实本性的一个不可分割的方面。快乐是我们的存在的本然状态。我们受到初始无明的遮蔽，被身体、心意、感官等有限的附属物围困，与无限的存在–意识–喜乐之洋分离，而我们本是这个海洋的一部分。这便是我们不快乐的基本原因。有一天，我们会意识到，众生一体，存在本身即是喜乐。

第十四章
成功的真理

我们为什么失败?

林中湖泊开满莲花,蜜蜂绕着莲花飞舞。一只熊蜂如此专注于采蜜,以致失去了时间意识。不久,太阳落山,夜幕降临,莲花的花瓣开始合拢。然而,这只熊蜂喝醉了蜜,没有意识到正在发生的事。当它最后清醒过来,却发现自己被困在了合拢的花里。于是,它想:"夜晚很快就会过去,玫瑰色的黎明将会来临,太阳将会升起,而这朵美丽的莲花将会再次开放,然后……"但是,哎呀!就在那时,一头来喝水的大象将莲花拔起,嚼碎了花朵、蜜蜂和一切。①人的生活主要就是这样度过的:一心追求享乐,当困难来临,就梦想着一个更好的未来,结果只会看到自己的希望消失在更大的暴食者——时间的喉咙里。

---

① 上文是对商羯罗的一个偈颂的改写,该偈颂通常被当作课文教给孩子,表明如何正确使用将来时态。

🌸 *观念的力量*

　　每一个人的生活都充满欲望,其中大部分欲望不能得到满足,或被压抑、忽略或超越。只有一些欲望可以期待得到满足,即使在这些欲望中,也只有少数实际上得到了满足。我们计划和思量,奋斗和竞争,体验和试验,期待和梦想,祈祷和崇拜,然而,我们的盘算常常出错,我们的"重要盼望"之大厦倾覆,目标从我们的指缝间溜走。换言之,我们常常失败。这是为什么?

　　首先,这个问题本身很少在我们脑海中出现。我们无尽地受苦,却不自问为什么受苦。我们在很多工作上失败,却很少探索失败的原因。我们犯下很多过错,却很少停下来思考犯错的根本原因。提问是某种形式的清醒,通过向一个人提出正确的问题,你可以改变或提升他的意识。伟大的博物学家路易斯·阿加西斯(Louis Agassiz)曾经反复追问他的学生"你看到了什么",从而唤醒他们的心意。苏格拉底和《奥义书》的圣人们用提问的方法来传授知识。那些提出问题,借此把人们的意识提升到更高层面的人,是伟大的人。正如苏珊·朗格(Susanne Langer)所表明的,通过提问,他们开启了人类历史中的新纪元。[①]苏格拉底用"美德是什么"之问开启了一个新纪元,《奥义书》的圣人们通过诸如"自我是什么""无限者是什么""如何认识知者"等大问题开启了一个新纪元。这些根本问题引发了其他许许多多的问题,打开了新的认识风景。当开启新纪元的问题的所有可能的答案都被找到,那么该纪元就结束了。然后,另一位导师

---

① Susanne Langer, *Philosophy in a New Key* (New York: Mentor Books, New American Library, 1951), p. 20.

提出别的大问题，开启又一个新纪元。

在个人的生活中，不断向自己提出根本的问题，这是极其重要的。为了解决人生问题，我们必须清醒，而只有当我们面对生活的时候，我们才是清醒的。始终用新鲜的态度面对生活的最佳方式之一，就是不断地向自己提出生存论上的问题，但我们为什么不这么做呢？

其中一个原因是，我们害怕找到真正的答案之后不得不承担的责任。另一个原因是，我们已经知道了太多的错误答案。我们寻找或发明廉价的选择来让自己暂时逃脱麻烦，斯瓦米·维韦卡南达说：

> 此刻，我们被抽打，当我们开始哭泣，自然给我们一个硬币；再一次，我们被抽打，当我们哭泣，自然给我们一块姜饼，我们便又开始笑了。[1]

还有一个原因是，我们期待明天问题得到解决。我们指责世界给了我们全部的痛苦和失败，并期待世界会在明天改变，然后就万事无忧矣。

成功意志

然而，时间如流水，《摩诃婆罗多》里有个故事，讲了某个老人如何不得不从自己的儿子身上学会这个道理。年轻

---

[1] *The Complete Works of Swami Vivekananda*, 1:411.

的儿子说:"死亡击败这样想的人:'这已经做了,那还没有做;这做了一半。'"①一切皆受制于时间。《摩诃婆罗多》讲到,死亡之王问他的儿子:"(最重要的)消息是什么?"坚战(Yudhishthira)回答:"时间在大幻的锅里煮着众生,以太阳为火,以昼夜为燃料,并用月份和季节的长柄勺搅拌众生——这就是消息。"②

只有欲望是我们的,满足欲望的手段则属于外部世界。经济学最重要的基本法则之一便是:需求无限,而手段有限。这条法则普遍适用于所有领域,包括灵性生活领域。手段的有限性既包括资源的稀缺,又包括时间加诸的限制。整个人类生活就是一场持续不断的努力,在有限的时间里运用有限的资源来达到无限欲望的最大满足。

时间是有限的,资源是有限的,不可能满足我们头脑中的所有欲望。因此,最明智的做法就是选择一个终极人生目标,让所有欲望服从并导向这个最高目标,并将所有能量致力在命运分配给我们的短暂生命中达成这个目标。人生的成功依赖于我们如何有效而长远地达成人生目标。把成功等同于一些低级欲望的满足,并认为如果这些低级欲望没有得到满足,整个人生就失败了,这是错误的。

在每时每地的每一项工作中总是取得成功,这是不可能的,也是没有必要的。真正的成功在于选择正确的目标,并达成之。人人都应选择自己能力范围内的目标,要么在世俗生活中达成之,要么在灵性生活中达成之。达成低级目标之

---

① *Mahabharata*, Shantiparva, 175.20.

② Ibid., Vanaparva, 313.118.

后，我们应该努力达成下一个更高的目标。我们的生活应该是一场渐进式运动，从达成到达成，而不是从失败到失败。生活中可能会有一些失败，但我们的生活总的来说不应该是一场失败。

要点在于，让成功意志成为生活的主调。但这并不意味着一个人应该成为野心家或志在必得者。我们所需的是一种倾向于成功的振奋态度，以及一个不屈不挠的坚强意志，直至取得成功，这尤其是灵性生活的需要。

有时，世俗生活中的失败可使一个人的心意转向灵性道路。然而，这并不意味着灵性生活仅仅针对那些世俗生活中的失败者，这也不意味着灵性生活中的成功与世俗生活中的成功不可兼得。具有成功意志的人既能在世俗生活中，又能在灵性生活中取得成功，而心怀失败主义态度的人在两种生活中都会失败。世俗生活中的成功比灵性生活中的成功来得容易。"灵性道路极其困难和危险，犹如剃刀的刀刃"，《奥义书》如是说。[1]如果没有巨大的力量和勇气，就无法满足灵性生活所要求的牺牲、自制、专注和坚韧。甚至连热切的祈祷和对神的依靠也需要巨大的力量，一个缺乏力量意志的人不是去祈祷，而是坐着担心自己的麻烦或到处指责他人。

宗教的首要目的在于给人以力量去面对人生问题，并使人取得成功。每一宗教都要求人勇敢地面对人生问题。在给出伟大的灵性启示之前，克里希那告诫阿周那："如果你被

---

[1] 《伽陀奥义书》1.3.13。

杀，你将去往天界，如果你赢得（战斗），你将享受尘世。所以，昆缇之子啊，怀着决心起来战斗吧！"①克里希那试图讲透的要点如下：无论你过的是世俗生活还是灵性生活，你都应放弃失败主义、悲观主义的态度。这样一种态度是对生命的发展锐气的否定，是对神的侮辱。

没有什么疾病得不到治疗，没有什么问题得不到解决，没有什么障碍找不到克服方法。宗教就是找到人生问题的答案，而所有宗教找到的永久答案就是：向真理觉醒。这如何能够解决人生问题呢？整个存在、所有现象、一切众生，都受到真理的支配，正如《奥义书》所言，"唯独真理获胜，而非谎言获胜"②。这是宇宙最基本、最普遍的法则。虽然可能看似过于抽象、形而上或简单化，但真理的法则具有至高无上的实践意义。我们的所有问题只是起因于没有充分地向真理敞开我们的存在。

真理法则

在此，我们不是要定义真理，而是要理解真理的实践意义。真理有三个方面，在现实生活中至关重要。第一，真理无所不包。真理是人的心意所可能进行的最高综合。我们迄今发现和将来发现的所有宇宙法则只不过是根本的真理法则之表达。真理之外无一物，甚至连错误、无明、虚假、幻觉也落在真理的范围内，因为说"谎言是谎言"就是对真理的

---

① 《薄伽梵歌》2.37。
② 《蒙查羯奥义书》3.1.6。

第十四章 成功的真理

主张。

理解这一事实有两个实际益处：它让人的生活变得简单，变得和谐。人类知识日复一日迅速增长，现代人的心意充斥着无数的想法、观念、事实和记忆。此外，还有宗教、国家和社会加之于人的道德与行为规则和规范，它们常常和不断增长的欲望及社会环境的变化发生冲突。这一切使得人类生活异常复杂，令人困惑。然而，如果我们明白所有形式的知识只不过是同一个普遍的真理法则之不同显现，那么我们对知识的热望将会止息。同样，我们无须操心如此之多的道德行为规则，比如非暴力、自制、诚实和弃绝，因为不断持守一个永恒的真理法则，这些美德就会自动实现。这让我们的生活简单有序。每一个人都是独特的，每一个时刻都是独特的，每一个处境都是独特的，这意味着，在我们的一生中，我们必须不断地做出新的决定，不断地以各种方式行动和反应——这是生活中的紧张和压力的一个主要原因。但如果我们持守真理法则，那么我们就能以自然自发的方式应对每一个处境，这一重要原则由室利·罗摩克里希那通过简单的一句话传达给了他的神圣配偶莎拉达·戴薇（Sarada Devi）："根据时间来行动，根据地点来行动（*Jakamjemontakhantemon, jaahakejemontaahaketemon, jekhaanejemonsekhaanetemon*）。"

宗教与科学只是在两个不同的意识层面上探索真理的两种方式。不同的宗教都以绝对真理为终极目标，甚至连最狂热的宗教追随者也不否认这一点。吠陀圣人们以一句著名的格言宣布了上述原则，"实相唯一，圣人异名"；室利·罗摩克里希那则以更切实际的形式表达了这个原则,他说:有多少心意,就有多少道路。遵循这个简单的原则,我们就能避免宗教与科学、此宗教与彼宗教之间的冲突,与他者和谐相处。

第二,真理具有不同的程度。除了前面谈到过的原则,吠陀圣人们还发现了另外两个重要原则:其一,实相包含五个存在层面;其二,小宇宙(个体)和大宇宙(宇宙)同构。这里谈到的五个存在层面是:物质、生命、意识、自我觉知、喜乐。每一个存在层面都有其真理程度,以及基于该真理程度的无数法则。对应这些存在层面,个体有五鞘。为了个体的全面发展和整体运作,每一个鞘必须向对应的宇宙存在层面敞开,并遵循其真理。每一个人必须遵循不同宇宙层面的真理法则。一个层面的法则可能并不适用于另一个层面,阅读不能填饱肚子,就像吃东西不能增长头脑的知识。圣河之水可以净化心意,但如果它被污染,有了病原体,就可导致身体疾病,河水的这两种作用受制于精神层面和身体层面的法则。

第三,真理不仅是知识,而且是力量。凡是向真理敞开自身的人,都能获得力量。真理不是一个抽象概念,而是等

第十四章　成功的真理

同于实相本身。①实相就是力量。每一层面的真理都有其力量，凡是向特定层面的真理敞开自身的人，都能获得该层面的力量。我们的生活之性质依赖于我们向真理和力量的不同层面敞开自身的方式。尽管作为宇宙生命的一部分，我们全都沉浸在力量之洋中，但我们必须学会如何向这种力量敞开自身。

通过摄入有营养的食物和适当的锻炼，我们就能获得体力。通过教育、阅读和思考，我们向知识的力量敞开心意。通过科学研究，科学家学会解锁隐藏在原子和分子中的力量。有人学会了开启精神力量之门。灵性之人通过祈祷与冥想获得灵性力量。领袖的"克里斯马式"魅力只不过是向社会力量敞开自身的能力。

我们常常注意到，有德之人受苦，而邪恶之人过得很好；利用不诚实手段的人致富，而诚实之人受穷；伤风败

---

① 在吠陀时代早期，个人生活和宇宙生活并不分离，二者在统一的宇宙节律中搏动，吠陀圣人们把宇宙节律称为ritam（类似于中国古代的"道"）。那时，不需要把真理作为美德来"实践"，因为吠陀时代的人们"活出"真理。因为真理与实相不可分，所以与实相和谐相处，就能自动服从真理法则。在吠陀时代晚期，这种和谐在很大程度上丧失了。真理（Satya）与实相（sat）分离开来。在某个时候，另一个术语"正法"（dharma）开始流行，用来指宇宙秩序，而satya被降至美德的地位，用来表示个人品行方面的诚实。在《奥义书》时代，吠陀时代早期的灵性存在主义让位于本质主义，《奥义书》圣人们的首要追求变成了如何觉悟终极"本体"。正是这一追求最终使他们发现了"梵"，以及阿特曼与梵的统一。然而，这导致了对尘世的忽视或贬低。当前，我们迫切需要的是恢复下面这种更早的观点：真理与实相同一。

俗者身体健康,而纯洁神圣者疾病缠身;物质主义者享受生活,而虔诚的信徒遭受怀疑与冲突的折磨。不仅个人如此,而且国家也是如此。俄国以前是极其贫穷的国家,但在排斥宗教、教会、神职人员和僧侣之后,成了强国。印度有那么多的神庙与静修所,祭祀与仪式,圣人与贤人,非暴力与宗教和谐,但却依然贫穷,受到忽视。眼见周围如此之多的苦难、残酷、不公与邪恶,我们不禁自问:究竟有没有一个神或一种道德秩序主宰着宇宙?许许多多的人找不到正确答案,已然丧失对神和宗教的信仰。

真相是,整个宇宙受到真理法则的支配。"唯独真理获胜",这一点毫无疑问,但并不一定是我们所设想的真理。如果我们想要成功的生活,那么我们必须遵循真理法则在各个层面的运作方式,并在各个相应的层面向真理敞开自身。如果一个诚实的人生意失败,或未能升职,不是因为他诚实,而是因为他没有能力向现实世界的那些真理敞开自身。当贤王坚战来到天界,他惊讶地发现,难敌(Duryodhana)和俱卢之战的其他邪恶英雄们在天界占据着光荣之位,当时,一个神圣的声音告诉他:"天界的规则不同于尘世的规则。"英雄就是英雄,即便其意图是邪恶的。我们常常发现,邪恶之人对邪恶力量的信仰远远胜过有德之人对善的力量的信仰。事实上,很多所谓的好人有着严重的缺点,他们的伪装通常只是一个幌子,用来隐藏他们的邪恶。亚当指责夏娃,夏娃指责蛇,但神没有被欺骗,把他们全都逐出了伊甸园。

我们可以把永恒的真理法则之运作设想成神的意志之行

使，设想成神圣母亲的游戏，或至上之主的宇宙瑜伽。无论我们以何种方式设想，唯独真理在所有生活领域的所有层面上获胜。因为我们没有向所有层面的真理自由地敞开自身，所以我们会失败。是什么妨碍了我们向真理敞开自身？如果真理是如此必要和重要，为什么不是所有人都向真理全然敞开自身呢？

阻碍人们向真理敞开的根本原因：无明

上述问题最基本也最明显的答案是：无明。对于什么的无明？对于一切的无明：不知道自己的真实本性是阿特曼，不知道何谓真理及其力量，不知道世界的本质。实际上，人的无明似乎没有限度。但什么是无明？无明和知识一样，必须溯及人的灵魂。根据一些新教神学家的观点，人天生是罪人，堕落是其本性。在印度哲学家当中，有些（比如罗摩奴阇）认为，无明是自我知识的局限性，由过去的业所导致。根据不二论者的观点，无明是一个独特的范畴，是一种称为"摩耶"的神秘力量。太初，有一层面纱（摩耶）遮蔽了阿特曼，摩耶是其他所有形式的无明和错误的根本原因。

作为一个形而上学概念的摩耶可以满足知识分子的需要，但这样的摩耶是个模糊的否定性原则，几乎没有实用价值。我们必须面对和处理现实生活中的问题，我们必须理解是什么直接而明确的原因阻碍了我们向真理觉醒，使我们在生活中，尤其是在灵性生活中遭到失败。其中有些原因在于外部世界，超出了我们的掌控范围，但有很多原因在于我们自身，可以通过自我知识和智性努力有效地应对。

自我知识

有关人类生活的一个惊人状况是，虽然每一个人都对他人和外部世界十分了解，但却对自己知之甚少，这是人容易受到环境影响的一个重要原因。他把自己视为世上无数客体之一，并允许自己被当作商品对待。他的主观生活与经验几乎没有价值，他重视的是周围的客体。他对自己的评判依赖于他人的看法，换言之，自我知识不足最明显的标志是缺乏自尊和自重。我们无法期待一个没有自尊的人去尊重别人，他形成的是对待世界的一种不敬、挑剔和时常暴力的态度，同时，他又无助地依赖世界。对世界的这种爱恨关系扭曲人们的实相观，妨碍人们向真理敞开自身。它必须被改变，为此，自我知识是必需的。

自我知识具有不同的层面。吠檀多谈到了自我的五个维度，对应五鞘。虽然了解这五个层面是有益的，但在当前的语境中，把我们的注意力集中于其中两个层面就够了，这两个层面超越我们的常规认识手段，但却深刻地影响着我们的生活，它们是：无意识层面和超验层面。超验层面将在下一部分讨论。

关于无意识，我们可以找到大量的论述。在精神分析技术的帮助下，弗洛伊德及其追随者们发现了无意识中的许多运作过程。然而，单单从书本上了解这些或者对他人的心意进行精神分析，是不够的。我们应该学会深深地潜入自己的

第十四章 成功的真理

无意识当中,去了解那里的运作过程如何控制着我们自己的思想与行为。在这些运作过程中,有三个过程值得我们在此特别考虑。

第一,我们与过去的连续性。作为过去经验之种子(潜在印迹)的仓库,无意识提供了我们与过去的连续性。在过去的经验中,有许多经验肯定是不快乐或痛苦的,我们想要忘记它们,开始新的生活。然而,仅仅遗忘无法解决问题,由于我们当前的问题和痛苦中有许多是由过去的经验所导致的,因而我们有必要与过去的生活保持虚拟的连接。这就是为什么《奥义书》的圣人们告诉自己:"哦,心意啊,记住做过的事,记住做过的事。"①

当然,不需要抱着过去的错误,或抱着过去的成就,必要的是建立一个新的自我。然而,新的自我(即经验的自我或私我)无法通过"整形手术"来建立,而是必须从旧的自我产生出来。生活不是一张刮去重写的羊皮纸,而是一份连续不断的记录。灵性生活对许多人而言似乎是不真实的,因为它没有过去作为基础。为了隐藏过去的生活,自我戴上了一些面具,这些面具妨碍自我面对生活的真相。我们要扔掉这些面具。

第二,无意识也是心意的力量仓库,各种刺激着我们的本能和驱力都源于无意识,然而,它们都只是两种基本的生存驱力——执着(raga)和厌恶(bhaya)的不同表现。执着引发厌恶,二者代表着众生展现出来的生存斗争之积极面和

---

① 《伊莎奥义书》17。

消极面。如果我们想要理解生活中的问题，就必须理解这两种基本的生存驱力是如何在我们心意中运作的。它们常常妨碍我们向真理完全敞开自身。这使我们走向无意识的第三个要点——压抑成功。

第三，无意识对成功的压抑。看似自相矛盾的是，我们常常为了自己的失败而积极行动——不是有意识地，而是无意识地。有些失败由不利的外在因素所导致，比如贫穷、社会不公、缺乏机遇等。然而，当身在有利环境中的有识之士没有成功地达成某些重要的人生目标，那么显然，原因在于他们自身。在名著《正向思维的力量》中，诺曼·文森特·皮尔（Norman Vincent Peale）说："人们在生活中遭遇失败，不是因为缺乏能力，而是因为缺乏全心投入。他们没有全心全意地盼望成功。"[①]他引用了加拿大著名体育教练亚力克·帕西瓦尔（Alec Percival）的话，大意是：大多数人，包括运动员和非运动员，是"有所保留者"，就是说，他们总是保留什么，而没有百分之百投入自身。

多萝西娅·布兰德（Dorothea Brande）在杰作《醒来并生活》中表明，许多人身上存在着一种"无意识的阴谋"，用来反对自己的成功，她称之为"失败意志"。每一个人都自然倾向成功，但在有些人那里，这种成功意志被压抑了，致使他们在自己的工作中失败。毫无疑问，这种压抑是一个无意识的过程，但为什么他们会那样呢？人们为什么无意识地希望并最终造成了自己的失败呢？这里有几个原因，最重

---

① Norman Vincent Peale, *The Power of Positive Thinking* (Englewood Cliffs, N.J.: Prentice Hall, 1967).

要的原因是对责任的恐惧。责任涉及个人的自由,冒险,面对未知,应付不愉快的人、事和处境,遵守诺言,以及其他麻烦。无意识自然想要安全和舒适,即便这意味着停留于较低的生活层次或在工作上无所作为。

压抑成功,即"失败意志",以不同的方式出现在我们的日常生活中,其中一种方式就是白日梦。白日梦通常意味着逃进幻想的世界里,但无休止地计划未来、沉湎于过去、思考他人做了什么或者要做什么——这些也都是白日梦的形式。"失败意志"的另一种运作方式是把能量转移到错误的方向上,例如,随着考试之日临近,一名工程学的学生可能会突然发展出对生物学的巨大兴趣,可能会整天阅读生物学书籍并做笔记,而忽视了自己的考试科目;或者,一个人可能会沉溺于日常工作,用非常多的琐碎活动来消磨时间。对此,多萝西娅·布兰德说:

> 令人泄气的事实是,我们将墨守成规的倾向应用于整个生活,在精神上和灵性上变得越来越软弱,越来越胆怯,越来越没有实验精神,我们天天在僵化的习惯的支撑下度日。我们逃避责任,因为责任需要规训(discipline)。[①]

懒惰,即惰性,是另一个压抑成功的标志,对此,亚力克西·卡雷尔(Alexis Carrel)评论道:

---

① Dorothea Brande, *Wake Up and Live* (New York: Simon and Schuster, 1955).

懒惰尤其危险。懒惰不仅在于无所事事、睡得太久、工作糟糕或不工作，而且在于把闲暇时间花在愚蠢无益的事情上。无节制地打牌、看电影、听收音机，无休止地聊天，开车漫无目的地乱跑——这些都会降低智力。同样危险的是对许多学科一知半解，却没有获得任何学科的真正知识。我们需要保护自己免受快速的通信、不断增长的杂志和报纸所带来的诱惑。①

在灵性生活中，"失败意志"最为常见。也许不可能让所有人都臻达无余三摩地，或者像盐娃娃融入梵的海洋里，正如室利·罗摩克里希那所言，我们不能期待一个1公升的罐子装进4公升的牛奶。然而，人人天生都有某种灵性潜能，如果它尚未完全实现，那么人就白白地活着。抱怨缺乏时间与设施，通过忽视职责或与他人争吵而给自己造成不利局面——这些都清楚地表明，"失败意志"活跃在灵性追求者身上。决心成功的真诚追求者会最好地利用时间，适切地履行职责，过一种完全适应环境、有节制的生活。他会采取一切预防措施，《奥义书》说："保护他心中的瑜伽之火，就像孕妇保护胎儿。"②

认识自己，认识自己的能力和局限性，这对所有人都是十分必要的。有句古话道出了自我知识的重要性：

他不知道他不知道，也就是他不知道——避开他；

---

① Alexis Carrel, *Reflections on Life* (Bombay: Wilco Books, 1967).

② 《伽陀奥义书》2.1.8。

他知道他不知道，也就是他不知道——教导他；

他不知道他知道，也就是他知道——唤醒他；

他知道他知道，也就是他知道——跟随他。

自我信任

许多人似乎拥有大量的自我知识，却在生活中遭到失败，这是为什么？有一条纽带连接着知识与行动，那就是相信自己。如果失去这条纽带，那么自我知识几乎没有什么实际用处。

相信自己意味着什么？我们前面谈到，自我的两个重要维度是超验性和无意识，其中，超验性超越大多数人的认识，无意识则充满缺陷。那么，一个人怎样才能相信自己？实际上，很多人宁可相信他人，也不相信自己。贪婪、愤怒和其他激情潜伏在无意识深处，大多数人害怕这些会"像老虎将他们扑住"（斯瓦米·维韦卡南达的表述），在某一天的某个毫无防备的时刻压倒他们。这种害怕制造了深深的不安全感、自卑情结，甚至自我厌恶。再者，大量的精神能量被用来应付这些问题，结果是，很多人有持续的疲劳感，医生称之为神经衰弱。

当然，只要无意识还是魔鬼的工作坊，完全相信它就是不明智的。然而，无意识也是天使的工作坊！在我们内心深处，有着那么多善的本能与冲动，比如爱、慈悲、纯洁、高贵和力量，让我们相信这些善的力量。这种相信自然而然会产生，如果我们相信创造在根本上是善的，并坚信真与善最终会胜利。怀着这种信仰，我们必须（通过行动瑜伽）越来越多地发挥善的本能，并逐渐控制恶的本能，这便是"净化"的真实含义。一旦整个无意识被净化到令人满意的程度，我们就必须学会相信它。既然无意识是我们的精神力量仓库，那么除非我们允许它自由运作，否则就没有足够的精神力量来供我们任意支配。这是一种类型的自我信任。

自我的更高维度——超验维度被称为阿特曼。作为神的一个永恒的部分，阿特曼自明、不朽、不变、喜乐和自由，不受情感、思想和不净的影响，它是所有知识与灵性力量的源头。通过它的存在和聚焦光芒，它能净化和控制心意的任何部分。阿特曼是我们的真实本性，理解它并始终持守它，是更高形式的自我信任，也是真正的自我信任。有一次，有人问斯瓦米·维韦卡南达："我们应该'依赖自我'——这一断言的真实含义是什么？"斯瓦米吉回答道："在此，'自我'指的是永恒的真我，但甚至依赖非永恒的自我也会逐渐引导我们走向正确的目标，因为个体自我实际上是被幻觉遮蔽了的永恒真我。"[1]

因为阿特曼是至上真我（神）不可分割的部分，所以依赖真我意味着依赖神。阿特曼是打开神的无限力量与光明的那扇门。自我信任不是指保持孤立，而是指保持灵心之门敞开，让神为我们操持一切。所以，我们无须害怕信任更高的真我。

---

[1] *The Complete Works of Swami Vivekananda*, 5:314.

第十四章 成功的真理

自我导向的努力

自我知识与自我信任使人容易成功，但实际取得成功则需要第三个要素——正确的努力。自我信任必须包含在行动中，否则，太多的自我关注可导向一种不健康形式的内倾（introversion，区别于内省），正如亨利·林可（Henry Link）在其名著《回归宗教》中指出的，这种不健康形式的内倾是生活中的失败与不快乐的主要原因之一。谈到内倾之人，林可博士说：

他们做自己觉得想做的事。他们没有成功地遵循许多习惯，那些习惯引导他们在与他人的种种接触中获得技能与满足。他们首先取悦自身，因而没有成功地学会如何把自身给予他人。他们把自己的能量用在狭隘的对象上——他们自身。现在，他们的能量正在吞噬他们。他们发现，"自身"作为一个关注对象，对于成功而言是不充分的；他们发现，做喜欢的事，逃避不喜欢的事，这导向一种自卑意识和一个情绪地狱。他们在试图以自己的方式寻找生活的过程中迷失了自我。[①]

知识，也就是教育，有其用处，但对它过度关注可能

---

① Henry C. Link, *The Return to Religion* (New York: MacMillan and Co., 1951). 虽然作者有点夸大了内向性与外向性的区别，但这本书值得所有灵性追求者阅读，它在不到20年的时间里重印了超过15次。

会妨碍一个人付出正确的努力，并被转变成一个徒劳的空想家。对于这样的人，林可博士评论道："他们需要停止他们喜欢的空想生活，那正在变成坏事，他们需要开始制造他们越来越害怕的东西。"知识没有价值，除非经过现实生活的检验，而这种检验只能通过行动来进行。没有人会寻求单单具备理论知识，而不具备任何实际经验的人的引导。一个没有"行动意志"的人既不能帮助自己，也不能帮助他人。如果说我们有一半痛苦是由无明所导致的，那么另一半痛苦则是由不行动所导致的。我们常常不愿意行动，因为害怕犯错。这种害怕只能通过行动来消除，即便那意味着犯更多的错。林可博士说：

我已经告诉许许多多来访者，犯七个错胜过犯一个错。当一个人因为自卑而踌躇时，他人正忙着犯错，从而变得优秀。

这一点在灵性生活中再正确不过了。从经典和古鲁那里得来的知识必须通过服务于神和人来应用于现实生活。冥想不是一个宜人的美梦，它需要热切的修习和努力。头疼、胃疼、分心、缺乏"心境"或此类小困难足以使人放弃祈祷和冥想，转而诉诸空想，也就是阅读，他们常常误以为阅读就是修习智慧瑜伽！读书太多会产生概念幻觉，这比无意识还要糟糕。"大量的语词是个森林，让心意迷路。"[①]甚至连我们所了解的虔信和智慧也只是空洞的概念架构。当一个人感

---

① 《分辨宝鬘》60。

到饥饿，他的直接关切仅仅是食物，一首写饥饿的诗或一本讲营养的书无法满足他。同样，真正渴求神的灵魂不为虔信或智慧而操心，而是付出热切的努力，为的是与神面对面地直接接触。

自我导向的热切努力是在任何领域取得成功所必需的，无论是灵性领域还是世俗领域。什么是自我导向的努力？如果研究我们的行动，就会注意到两个特征。

第一，大部分行动是无意识地进行的。我们很少在行动中自我觉知。我们说自己专注于行动，而事实上，我们正在无力地被行动的冲动卷走。行动控制着我们，而不是我们控制着行动，结果是，我们无法始终保持向真理敞开。这是我们遭遇如此之多的大错和痛苦的一个主要原因。

第二，我们的大部分行动是由他人的意见或自己的本能和情绪（有好有坏，诸如爱和慈悲，嫉妒和愤怒，贪婪和虚荣等）触发的。这种行动实际上不是我们自己的行动，而是异化的行动。通过这种行动取得的成功也并不真正属于我们，不会带给我们满足。那么，我们自己的行动是什么？在我们内心深处，有一种创造性的冲动：灵魂想要表达它的力量、美和喜乐。只有那种行动才是我们自己的行动，它成为灵魂发光的渠道，从而满足我们内在的创造性冲动。只有当行动源于我们的灵魂，才是我们自己的行动。这种创造性的行动是真正无私的行动，因为它只有自我表达和自我觉悟的动机，而没有别的动机。它不会制造竞争，也不会产生剥削。①

　　创造性的自觉行动是自我导向的行动，它让我们向真理敞开。只有通过这种行动取得的成功才是真正的成功、我们的成功，只有这种行动才能给予我们真正的满足。

　　最后，我们应当记住两个要点。

　　第一，唯独真理获胜。当我们成功时，获胜的是真理，而不是我们。当我们失败时，失败的是我们，而不是真理。

　　第二，所有的世俗成功都是局部的、暂时的，基于对不完全的相对真理的体验。最高的、永久的成功是与终极绝对真理合一。

---

　　① 在现代，尤其是在西方年轻人中间，有这样一种趋势：把成功作为不道德之物来轻视。二战和物质富裕所造成的理想破灭是这种态度的主要原因，它催生了嬉皮士运动、反主流文化运动、新纪元运动和其他运动。然而，他们对成功的批判仅仅适用于通过残酷的竞争与剥削达到的粗糙的经济成功。总之，无须赞美失败。

第十五章
起来,醒来,直达目标

正如本书的书名所显示的,我们的主要努力始终在于通过协调西方文化和印度文化的最佳要素来表明:观念如何影响人的生活,以及青年的力量如何通过更好更高的途径来引导其发挥作用。

每一个人的生活都受到某些基本观念的支配,尽管他本人可能没有意识到这些观念。这些基本的支配性观念决定着他的态度、思想、感受与行动。诚如斯瓦米·维韦卡南达所言,每一个人都被赋予了某些天资和能力。很多人没有成功地实现自己的潜能,或未能在生活中取得成功,原因之一就在于,他们遵循的是错误的观念。生活中的许多问题与痛苦也是由遵循错误的观念所导致的。如果遵循正确的观念,那么人们就能在职业生涯、物质繁荣和灵性满足方面取得成功。

人们为什么遵循错误的观念?因为无明。无明有两种:客观无明和主观无明。客观无明关系到物质世界和人类社会，主观无明关系到人自身——自己的身体，自己心意的运作，以及自我的灵性维度。

在西方文化中，人们的主要努力是在科学、理性思维和人文主义关怀的帮助下，移除客观无明。这种努力和技术的使用所带来的结果是，西方文化获得了巨大的物质繁荣和物质力量。然而，西方文化忽略了灵性生活。困扰着西方社会的诸多心理问题、生存论问题和社会问题就是由忽视灵性生活所导致的。

在印度，古代圣人们强调通过灵性觉悟和灵性文化来移除主观无明。但从中世纪的某个时候开始，生活的物质方面和社会方面被忽视，结果是，到19世纪末，印度成了世界上最贫穷、最落后的国家之一。

从上述讨论中，我们可以看到，通过协调西方文化和印度文化的积极方面，我们有可能为全人类发展出一种理想文化。斯瓦米·维韦卡南达本人就是这种普世和谐的伟大象征，在他短暂的公共生活中，他努力实现普世和谐。虽然刚才提到的理想文化依然只是个理想，但斯瓦米吉在西方和印度播下的灵性观念种子已经开始影响世界，一种全球文明正在逐渐形成。种种迹象表明，在未来的世纪里，灵性将在人类生活中扮演越来越重要的角色。

在本书的最后，我们来回答一个基本的问题，这个问题人人都会在人生中的某个时候遇到，它就是：生命（生活）的终极目标、目的或意义是什么？

第十五章 起来，醒来，直达目标

三个基本冲动或追求

为了理解生活的意义与目的，我们首先应该理解生命本身的性质。生命是一种奇妙的现象，由无数生命体构成。众生具有一些共同特征，比如新陈代谢、刺激反应、繁殖和演化。生命从简单的有机体，诸如细菌和变形虫演化到越来越复杂的植物和动物，最终还演化出人。人不同于其他所有形式的生命，因为只有人具备思维能力，人的生命并不局限于生物需求的满足，还追求更高的目标，尤其是生命的意义和最终目的。

在人的所有行动、思想和冲动背后，有三个基本冲动：生存、知识、快乐。人的整个生命可以视为一场斗争，为的是满足这三个基本冲动。

1.为了生存而斗争

根据达尔文的理论，生存斗争是进化的一个基本驱动要素。在动物那里，"生存斗争"意味着为了保护和保存肉身而斗争。动物不得不为了食物和交配而竞争。在人类这里，通过农业和动物养殖生产大量食物，饥饿和死亡的恐惧在很大程度上被消除，通过法律和婚姻，为了交配而竞争的必要性在很大程度上被消除。那么，人类为何依然竞争？为了私我的生存。我们周围的大多数竞争、争执和争斗是由私我的生存斗争所导致的。过度关注私我是焦虑不安的主要原因之一，焦虑不安已经成为当今社会人们的一个重大心理问题。那么，私我是什么？在印度思想中，私我被视为假我，源于将真我认同于身心。这意味着，世上所有的竞争是为了假我的生存。

在此或许可以提及，今日的人文主义、福利经济学和社会政治意识形态的主要目标之一，在于减少或消除赤裸裸的生存斗争。然而，私我的生存斗争到处可见，无论是在穷人中间还是富人中间。

2.为了知识而斗争

知识是生存——为了找到食物和躲避天敌——所必需的。在人类这里，追求知识一是为了有助于生存，二是作为获得力量的手段，三是作为目的本身。在今日世界里，知识已经展现出巨大的重要性，因为人们认识到，知识是社会经济力量的一个重要资源。

正如我们前面所说，知识有两种：客观知识和主观知识。其中，客观知识被视为主要的力量资源，以考试、测试、评估等形式进行的大部分竞争是为了客观知识。然而实际上，正如斯瓦米·维韦卡南达所指出的，自我知识才应当被视为人的力量的主要来源。

除此之外，"为了获取知识而获取知识"是一个崇高的理想，它吸引和鼓舞着少数学者。他们做出了巨大的努力，只是为了获取知识，而不是为了获取名利，他们要的是知识带来的纯粹喜乐。

3.为了快乐而斗争

我们通常认为，人的一切努力所指向的共同目标是快乐。这里的要点在于：什么是真正的快乐，以及如何获得真正的快乐（这个部分已在本书第十四章《快乐的法则》中详细讨论过）。

在外部世界寻求满足

我们前面谈到，人的生活是一场无休止的追求，每一个人都不断受到如下三个基本冲动的激励：生存、知识、快乐。人的整个生活就是一场满足三个基本冲动的斗争。

在此需要注意的是，绝大多数人努力在外部世界满足三个基本冲动，因为那是他们唯一知道的世界。在外部世界，生命（生活）的性质是什么？外部世界的生活既有积极方面，也有消极方面。

1.积极方面

外部世界最重要的积极方面在于，我们完全依赖它来满足我们的身体需要和精神需求。身体所需的一切食物、氧气、药物等，都来自外部世界。同样，我们的教育和精神发展所需的一切信息也来自外部世界——借助教师、书本、电子媒介等。生活给予我们来自众人的爱、友谊、合作与支持，如果没有这些，我们很难活在世上。外部世界是我们的行动场域（karma-kshetra），我们在这个场域造就未来的命运。

外部世界的生活为我们提供普通人可以获得的最高价值观、目标或人生理想。根据柏拉图和其他西方思想家的观点，真、善、美是人生的三大终极价值观。哲学与科学代表着人对终极真理的追求，道德与社会生活构成对善的追求，不同的艺术分支表明了人对美的追求。这些连同其他学科和其他努力是人类提升自我，超越动物层面的手段。此外，还有宗教制度与灵性，它们把人提升至更高的层面。正是外部世界提供了人类文化与文明的基础。在现代，科学与技术的进步向人类展现了一个更加辉煌的未来。

在此背景下，我们或许可以认为，在古印度的吠陀时代，印度人总体上对生活抱着积极的态度。但在10世纪之后，印度丧失了政治自由，屈从于外国的统治和文化，于是，印度人生发了对生活的消极态度、悲观主义态度，这个世界被视为一个名副其实的地狱。中世纪创作的许多颂诗和颂歌包含着这样的祈祷：从这个世界地狱中得救。正是斯瓦米·维韦卡南达为印度文化展示了令人振奋的积极前景，在印度人民的心中注入了乐观主义与信仰。

2.消极方面

谈到世界的消极面，我们首先想到的就是犯罪、暴力、侵害妇女儿童、不道德、药物上瘾、恐怖主义、腐败和其他社会恶行在现代社会的激增。这些恶行需要大规模的社会政治补救措施，这超出了我们的论述范围。

在此，我们遵循生存论的进路，试图在我们所生活的世界里从总体上理解生命（生活）的固有缺陷，正是这些固有缺陷构成了生活的"消极方面"。我们在世上遭遇的一些主要限制如下：

第十五章 起来，醒来，直达目标

（1）短暂性

生活是一股无常而连续的生命能量之流，它始于出生，经历各种变化，以死亡告终。世上无物永恒，不仅如此，未来常常是不可预料的。此外，还有所谓的事故，也就是突然发生、出乎意料、不自然的变化。

（2）矛盾性

人的生活的另一个特征是，它充满了矛盾。善与恶，乐与悲，爱与恨，真理与谬误，贫困与繁荣。这些矛盾连同其他矛盾在个人生活和社会生活中共存。

（3）局限性

我们前面谈到，生存、知识与快乐是每一个人的三个基本冲动，大多数人试图在外部世界满足这些冲动。生活提供了很多方式和场所，用来满足这些基本冲动，但也强加了某些局限性或限制。

第一，生存的局限性。人的生存的局限性是以力量的局限性、自由的局限性和最终的死亡呈现的。人格由三个部分构成：身体、心意和灵魂。大多数人仅仅意识到了身体和心意。人人都有身体和精神方面的能力、天资与力量，可以通过适切的方式发展这些力量，但只能发展到一定的程度而无法超越。

自由有两种：外部自由和内部自由。外部自由是身体的自由，意味着可以自由地做想做的事，自由地去想去的地方，自由地说想说的话。社会和政治规则与规定对外部自由强加了一些限制。

很少有人理解内部自由，并为之而奋斗。内部自由有两种：心意的自由和灵魂（阿特曼）的自由。心意的自由指摆脱贪婪、愤怒、憎恨、恐惧、私我本位和其他本能驱力的控制。很多人被自己的思想、情感、驱力所追逐和纠缠，但他们是如此习惯于这种不安、不自由、不快乐的心意，以致他们并没有努力去摆脱这种内部折磨。斯瓦米·维韦卡南达曾说："自由！哦，自由！自由乃是我的灵魂之歌。"根据他的看法，众生有意无意地在一切活动中奋力想达到自由，但由于无明，他们的活动常常引领他们走向束缚，而非自由。

生命的最大局限性是死亡。死亡结束人的所有梦想与计划。在发源于中东的（亚伯拉罕）宗教中，死亡被认为是个体生命的最后终结。但在所有印度宗教（印度教、佛教、耆那教、锡克教）中，人们相信：死后的某个时候，灵魂在一具新的身体里再生；所有人都在一个不断重复的生死循环里，称为轮回。

第二，知识的局限性。直到20世纪早期，人们还相信科学是一种完美的语言，有可能通过科学来获得和表达有关宇宙的一切知识。后来，一系列的发现表明，在获得真知方面，不仅科学有局限性，而且人的心意也有局限性。首先是海森堡的"测不准定律"，它表明在亚原子层面，科学研究的结果在某种程度上依赖于人的观测。一个电子用粒子探测器来看是个微粒，用检波器来看则是波。库尔特·哥德尔（Kurt Godel）的"不完全性定理"表明，如果任何基于数学的逻辑系统包含了自身相容性的证明,那么它也包含了自身不相容性的证明。该定理还表明,没有数学公式可以容纳所有真理,每一个公式都是不完全的。甚至在更早的时候,人们就发现,数学推论依赖于最初的前提,通过改变欧几里得前提,有可能创造出新的几何学。人们就科学所宣称的严格客观性提出了一些问题。另一条研究路线得出的结论是,一切知识都是研究的结果,每一个人从童年就开始解释自己的经验,建构自己的知识世界。人人都活在自己建构的世界里。这一观点十分类似于印度的摩耶论,我们稍后会讨论。

由上述讨论可知,经验知识(即通过感官获得的知识)是有限的,无法引导人走向终极真理。古印度圣人明白,为了觉悟终极真理,有必要超越感官层面。为了这个目的,他们发展出了专门的精神技巧,称为瑜伽。

第三,快乐的局限性。众生都有一种自然倾向,就是趋乐避苦。在人类这里,寻找越来越多的快乐乃是生活的一个基本追求。关于这个基本追求,我们需要注意以下四个要点。

第一,大多数人在外部世界寻找快乐的源头,他们不知道快乐的真正源头在他们自身内部。

第二,所有的感官享乐都只能持续短暂的时间,如果进一步追求,它们就会出现饱和或负面反应。

第三,如果一个人为了快乐而追求快乐,他就会失去快乐。这个原则被称为"享乐主义悖论"。真正的快乐是在生命中经过艰苦的努力达成某个值得的目标所带来的结果。

第四,沉溺于不受限制的世俗享乐会招来麻烦、失去财富、失去健康、失去精神活力、失去心意平静。

（4）斗争

由于外部世界给我们的基本冲动强加了限制，因而人的整个生活包含了各种连续不断的斗争。看看周围人的生活，我们就会明白，人们在种种看似无休止的斗争中度日。

（5）束缚

根据印度所有宗教共享的一个信念，怀着欲望的行动产生不可见的普遍作用，称为潜在业力（karmashaya, sanchita-karma）或"业的残余"。潜在业力导致灵魂的再生；在下一世，此人再度履行各种行动，导致新的潜在业力的储存，而这再度导致再生。以此方式，人被束缚于出生-业-再生的轮子上不断旋转，称为轮回。

作为摩耶的世界

在进一步展开讨论之前，让我们先来总结前面部分的要点。

第一，人的生活是一场为了满足三个基本冲动而进行的斗争，这三个基本冲动是：生存、知识、快乐。

第二，绝大多数人在外部世界寻求满足三个基本冲动。

第三，外部世界的生活有两个方面：积极方面和消极方面。积极方面以爱、合作、服务、科学进步、各种形式的艺术等为特征。消极方面以短暂性、矛盾性、局限性、斗争、

第十五章 起来,醒来,直达目标

束缚等为特征。

最重要的是,正如本书第一章所表明的,我们生活在一个解释与建构的世界里,我们不知道周围世界的真实本性。根据现代科学家的观点,我们面前的桌子、椅子、墙壁、水等是由原子组成的,但我们看不到原子。我们通过五个感官(五根)获得的感官数据受到心意的解释,心意将感官数据转变成概念,我们看到的正是世界的这种概念图像。同样,我们根据自己对人际经验的解释形成对周围人的意见和认识,以此方式,我们建构我们所属的社会之现实。

然而,这个世界是真实的,因为我们实际上在经验着它;同时,这个世界是虚幻的,因为它的真实本性不是看上去的样子。换言之,这个世界是个不可言喻的现象,为了指出这一现象,印度圣人使用了"摩耶"一词。在印度文化史上,这个词是在不同的意义上使用的,在早期《吠陀》中,我们发现"摩耶"是在"欺骗"的意义上使用的。形成《吠陀》最后部分的重要《奥义书》没有提到摩耶。在8世纪,伟大的导师商羯罗把摩耶作为一个形而上学概念引入印度哲学,为的是确立他关于终极实相的不二论。他用摩耶一词来指无明(avidya),而他说的无明指的(不仅仅是知识的缺乏,而且)是把一物误认为另一物。再者,他指的不仅仅是智性上的无明,而且是生存论上的无明,不是个体的无明,而是所有人共有的宇宙无明。后来,不二论者强调世界的虚幻性,把摩耶解释为这种虚幻性的原因。根据通俗的理解,摩耶指的是:世界是虚幻的或不真实的。

1.斯瓦米吉对摩耶的看法

斯瓦米·维韦卡南达的摩耶概念更加符合《奥义书》圣人们的看法,对今日社会更有意义。斯瓦米吉认为,摩耶是"有关这个宇宙及其如何运作的事实陈述"①。在前面部分,我们表明了我们周围的人世生活既有积极方面的特征,比如艺术、科学、宗教等,又有消极方面的特征,比如短暂性、矛盾性、局限性、斗争等。当我们陈述有关人世生活的这些事实时,我们就是在陈述何谓摩耶。人世生活的这些矛盾特征构成摩耶。摩耶是世界的实际样子或状态。生活的这些矛盾抗拒解释,而这种不可解释性本身就是摩耶。

在1896年于伦敦进行的有关摩耶的一系列出色演讲中,斯瓦米吉解释了他所说的"事实陈述"指的是什么。母亲养育孩子,以巨大的关怀把孩子养大,然而,当孩子长大成人,却成了罪犯,或者虐待父母(这是摩耶);年轻人怀着希望,希望变得富有、拥有美好的家庭生活、名利双收等,但随着年龄的增长,这些希望远去(这是摩耶);科学家为了认识终极真理而努力工作,但却发现,一个奥秘通向另一个奥秘,研究永无止境(这是摩耶);哲学家想要完全理解整个实相,但却遭遇了时间−空间−因果关系的铜墙铁壁,而无法超越(这是摩耶);每一天,我们周围的人都在走向死亡,而人却认为自己永远不会死(这是摩耶)。②

斯瓦米·维韦卡南达在讲了一些例子之后,总结道:

---

① *The Complete Works of Swami Vivekananda*, 2:94.

② *The Complete Works of Swami Vivekananda*, 2:93–97.

第十五章 起来，醒来，直达目标

因此，我们发现，摩耶不是一种用来解释世界的理论，而只是对存在的事实进行陈述，这些事实是：我们的存在之基础是矛盾，我们不得不到处穿越这种巨大的矛盾，凡有善之处必有恶，凡有恶之处必有善，凡有生命之处，死亡必定如影随形，微笑之人将不得不哭泣，反之亦然。这种事态亦无可补救。所以，吠檀多哲学既非乐观主义哲学，也非悲观主义哲学。它说出上述这些观点，并如其所是地接受事物。它承认，这个世界是善恶、苦乐的混合体。①

斯瓦米·维韦卡南达在另一处指出，"真实"和"虚幻"的通俗概念只是语言游戏。关于如下表述——"这个世界并不存在"，斯瓦米吉说道："那是什么意思？那意味着世界没有绝对存在……世界没有不变、不移、无限的存在。我们同样不能眼里看着世界存在，嘴里却说世界不存在，而且我们不得不在世上行动，并通过世界而行动。世界是存在与不存在的混合物。"②

斯瓦米·维韦卡南达不是把存在分为真实和虚幻，而是谈论了不同程度的真实性。这一观念基于他的真理概念。在若干语境中，斯瓦米吉说道："人不是从错误走向真理，而是从真理走向真理，从低级真理走向高级真理。"③

让我们以开花植物——木槿为例，木槿的植物学名称把它定义为"木槿种"。进一步研究，我们发现，木槿属于

---

① *The Complete Works of Swami Vivekananda*, 3:97.
② *The Complete Works of Swami Vivekananda*, 2:91.
③ *The Complete Works of Swami Vivekananda*, 1:7 & 4:371.

"锦葵目",该目属于"双子叶植物纲",而该纲属于"被子植物门",该门属于"植物界",该界属于"真核生物域"。同样,在对实相的理解中,我们从渺小而低级的真理走向更大更高的真理。

所以,斯瓦米吉的摩耶概念既包括生活的积极面,又包括生活的消极面。

2.两种摩耶:明摩耶和无明摩耶

对应世界的积极面和消极面,有两种摩耶:明摩耶和无明摩耶。明摩耶是世界的这一面:启迪人,并让人领悟生命的更高价值。明摩耶诸如艺术与科学的不同分支,社会服务和觉悟神。无明摩耶是世界的这一面:使人迷惑,引诱人追求世俗欢愉,过自私的生活。

3.摩耶世界里的青年

现代人终其一生不得不生活在这个具有两种摩耶的世界里,并以不同的方式应对这个世界。明摩耶提供了无尽的能力和机会、教育和训练,用来获取财富、名望、创造力和快乐。很多年轻人站在赢得这些的起点上,如果被告知这个世界是摩耶,他们将会非常失望和气馁。但如果是那样,那么他们的反应就是错误地理解摩耶一词的结果——把摩耶误认为"幻觉"或某种虚幻不真之物。对无明摩耶的正确理解——无明摩耶指出了生活的矛盾、短暂、有限、盲目的性质——将使年轻人获得对生活更为现实的理解,履行生活的职责而不过度依附于人和事,平等接受成败、赏罚和其他生

第十五章 起来，醒来，直达目标

活矛盾，并准备好面对生活的危急处境（例如挚爱之人去世）和人生的困难与悖谬。

这个无限广阔多样的世界（尤其是现代世界及其令人惊奇的科学与技术），无数从事各色工作的人，以及所有的花草树木和其他美好的自然事物，不可能是幻觉。世界不是幻觉，而是给人提供了一切去发展内在的能力和天赋的便利。世界给所有人提供了无数的机会，让人以无数的方式去获取成功、名望、满足。我们眼前的世界不是一场魔术表演，而是宇宙中的内在神性之无尽荣耀（Vibhutis）的显现。对青年人来说，这世界就如斯瓦米·维韦卡南达所言，是"一个道德训练场"，可以使人发展出强健的道德品质。伟大的德国思想家和作家歌德（Goethe）说："天才在孤独中培养，性格在斗争中形成。"

由于世界所具有的消极方面，人的生活的三个基本冲动——生存、知识和快乐——不能在这个摩耶世界里得到彻底满足。在摩耶世界里，我们只能获得短暂的满足。除了少数觉悟的灵魂之外，人世生活对绝大多数人来说是一场无尽的追求。

永恒者的召唤

通过无尽的追求与计划，通过不断的思考与行动、希望与梦想、快乐与悲伤、友谊与敌意、奢侈与贫穷、竞争与合作、成功与失败、科技令人吃惊的成就与道德令人寒心的衰退、真理与谬误、知识与无知、明摩耶与无明摩耶——通过所有这些矛盾和妥协，世界的生命之流向前奔腾。现代青年身在这股生命之流中，随波逐流，不知何去何从、为何如此，甚至不知自己在生命中寻求的究竟为何物。

我们以一个青年的典型生活时间线为例。父母付出巨大的牺牲把他悉心养大，他接受教育，工作并结婚。他可能无视父母，或把父母放在养老院里，并专注于在职业生涯中追逐成功。他的孩子也会重复他父母的生命循环。

在这一随波逐流的过程中，在外部生活的嘈杂喧嚣中，总有一天，年轻人可能会听到内心深处有个细小的声音问道：不过如此吗?这就是我生活的全部意义吗？这就是我配得的全部吗？我的生活难道不是有着更高的意义和目的吗？人的生活的三个基本追求——生存、知识、快乐（三者构成所有人生追求的基础），怎样才能得到最终的、永久的实现？

正是在这样的时刻，他听见了永恒者的召唤。自古以来，永恒者以诸多方式通过世界不同地区的觉悟灵魂来表达祂的召唤，但正是在印度，永恒者找到了最清晰、真实、广泛、有力而和谐的表达。

在过去的某个时刻，在印度的某个地方，有位见者（Rishi）也许站在他的隐居处，要对全世界的人说话，他提高嗓门，发出了一个响亮的召唤：起来，醒来，走近觉悟的灵魂，觉悟真理吧（utthishthata, jagrata, prapyavarannibodhata）！[1]大约3000年后，另一位伟大的见者斯瓦米·维韦卡南达（他把印度永恒的灵性智慧带到了大洋

---

[1] 《伽陀奥义书》3.14。

彼岸的西方,由此成为世界导师)以现代语言,用充满巨大灵性力量的嗓音说道:"起来!醒来!直达目标!"永恒者的召唤通过斯瓦米吉找到了如此有力的表达,并向全世界所有人发出。

这一召唤对于现代人的含义是什么?它对青年,尤其是印度青年的特殊意义是什么?

从摩耶之谷中起来

第一句召唤"起来"是什么意思?从哪里"起来"?商羯罗在对《吠陀》的注释中给出的答案是,从无明——摩耶中起来。然而,我们看到,摩耶本身有两种:明摩耶和无明摩耶。

从无明摩耶中起来。总体上可以说,"起来"意味着"从无明摩耶中起来"。无明摩耶有宇宙面和个体面,宇宙面等同于众生沉浸在其中的宇宙无意识,个体面指的是人固有的一种倾向,即追求感官享乐。这种追求享乐的倾向让人变得自私、自我本位,具有强烈的执着或厌恶,具有懒惰的倾向,停留在消沉或惰性状态,无法采取任何主动的行动或决定。个体的无明摩耶在一定程度上由过去经验的潜在印迹导致,一定程度上由无知导致,一定程度上由外部影响导致,比如损友、书本、电视节目、电脑程序等的影响。

现代青年相当容易受到这种消极作用的影响,他们中有很多人来自核心家庭,由于父母的纵容,他们把宝贵的时间浪费在无聊的交谈或活动上,而不是努力学习或工作。在无明摩耶的影响下，他们不理解这一点：对于每一个人来说，生命是唯一的价值、支撑与财富，青春期是与生俱来的能力和力量达到巅峰的时期，在青春期养成的习惯将决定整个生命进程。

就现代青年而言，"起来"的召唤就是敦促他们从无明摩耶中起来。无明摩耶就像一个云雾弥漫的山谷，被感官享乐的瘴气所笼罩。如何从无明摩耶的山谷中起来？这要借助明摩耶。

我们前面谈到，无明摩耶中的"无明"一词并不意味着无知，而仅仅意味着低级知识。依照斯瓦米·维韦卡南达的原则，"人不是从错误走向真理，而是从低级真理走向高级真理"，无明摩耶基于低级知识，而明摩耶基于高级知识。

明摩耶。明摩耶是生活的积极面，这一面培养无私、谦逊、爱、怜悯、服务、对知识的追求、艺术创造力、崇高抱负等。有助于带来人类福祉和个人灵性进步的一切，都是明摩耶。正是明摩耶促使医生仔细检查并治疗许许多多的病人，促使工程师尽力设计并实施大楼、道路等的建设。正是明摩耶让商人采取公平手段积累财富，为成千上万的穷人提供工作。正是明摩耶激励人们从事科学研究，建立孤儿院、医院和学校，服务穷人、老人和病人。正是明摩耶给政府官员以力量去履行职责，不接受贿赂；给士兵以力量去用自己的生命保卫同胞的安全；给灵性追求者以力量去经受苦行和灵性训练。

因而，我们看到，并非所有摩耶都是坏东西，只有无明摩耶才是有害的，而明摩耶是有益的。事实上，明摩耶是人们在所有的努力中能够借助的力量和支持，直至灵性觉醒发生。我们必须在明摩耶的帮助下消除无明摩耶，套用室利·罗摩克里希那所举的例子：用一根刺挑出扎进皮肤的另一根刺，然后把两根刺一起扔掉。

明摩耶的两条道路

对于已经从无明摩耶的云雾之谷起来的人，明摩耶提供了两条道路：繁荣之路和弃绝之路。

繁荣之路。尤其在印度这样的国家，大多数青年在人生中追求的是财富。获得繁荣没什么错，假如利用的是诚实公平的手段。在个体层面，财富使人摆脱一些限制，帮助人通过创造性的途径表达固有的天资与能力。在社会层面，个体的经济财富有助于整个社会或国家的经济提升与社会福祉。政治经济政策的自由化，信息与通信技术的进步、商业管理和贸易全球化已经大大促进了个体企业家精神在印度的兴起。然而，获得财富不是件容易的事，它类似于登山，在走出无明摩耶的深谷之后，还必须登上财富的山顶。这些进步全都属于明摩耶的领域。

弃绝之路。对于少数个体而言，明摩耶提供了另一条道路——弃绝之路。弃绝不仅指对感官享乐与财富的外在弃绝，而且指对一切低级欲望与本能驱力的内在弃绝。这条路针对的是僧人，他们追求的是脱离轮回，获得自由。为了自由，他们不仅需要摆脱无明摩耶，而且需要摆脱明摩耶。

向阿特曼的内在之光觉醒

在本章前面部分,我们谈论了人的生活的三个基本追求——生存、知识、快乐,以及整个人生是一场斗争,为的是完全、终极和永久地满足这三个基本追求。我们还谈到,人们在外部世界——摩耶的世界里寻求这三个追求的满足,但在摩耶(无明摩耶和明摩耶)的世界里,不可能获得终极满足。为了理解其中的原因,我们必须理解这三个冲动的真正源头:它们如何以及为何在我们内部产生?为了回答这一问题,必须研究我们的真实本性。

在印度,此种研究在3000多年前由《奥义书》的圣人们进行,他们首先追问,是什么给了我们存在感?人人皆知自己存在,这一知识不是来自外部,不需要任何证明;它是一种与生俱来的觉知。那么,这种觉知的源头是什么?是身体,还是心意?身体和心意二者都在不断经历着变化,而我们的存在是一种不变的觉知,所以,身体和心意不可能是存在感的源头。通过深刻的内省(经由《奥义书》中称为nidhidhyasana的过程),古代圣人们发现,我们对自身存在的觉知来自我们内部的第三个部分,即人格的第三个维度,他们称之为阿特曼(今天翻译为真我)。阿特曼从不改变,它无生无死、永恒不朽。正是阿特曼给了我们存在(sat)感,也就是我们活着的觉知。阿特曼是我们的追求——存在(或生存)的源头。

知识,古代圣人们也研究了这一追求。我们看到并知道许多东西,但在全部知识背后,有一个不变的知者。这个知者是什么？圣人们追问："如何认识知者？"他们采取了同样的自我研究方法（称为nidhidhyasana）来认识我们的全部知识或觉知的终极源头，下面我们来看他们的研究所采取的其中一种方法。

为了看见，我们需要光。为了看见外部客体，我们需要外在之光，但为了看见外在之光，我们需要内在之光，即意识之光。此外，我们还看见许多图像和观念从心意中生起，看见梦境。为了看见这些内部图像，我们也需要内在之光，即意识之光。这条研究路线以对话的形式——《大森林奥义书》中贾纳卡国王和圣人雅佳瓦卡亚之间的对话来说明，这段对话改写如下（问题出自国王，回答出自圣人）。

我们如何看见客体？
用太阳发出的光芒。
当太阳落山呢？
那么我们用月光来看。
当月光不在呢？
那么我们用火光来看。
当火光不在呢？
那么我们只用眼睛来看。
当我们睡着时，如何看到梦境？
用阿特曼之光。[1]

---

[1] 《大森林奥义书》4.3.2-6。

在此,"阿特曼之光"指的是意识或觉知。所有客体,无论是外部客体还是内部客体,都是通过意识来认识的。意识称为chit,是我们的真实本性——阿特曼的另一个方面。意识是我们的永恒追求——知识的源头。

我们的第三个追求是快乐,《奥义书》的圣人们研究了这个追求的源头,发现喜乐(ananda)乃是阿特曼的本质。

由此我们看到,通过内省式的灵性研究,古印度圣人们发现存在、意识、喜乐构成阿特曼的本质,正是这个三重本质产生了三个基本追求——生存、知识、快乐,它们是人类一切思想与行动的基础。这自然而然引出两个问题:

第一,如果存在、意识、喜乐构成我们的真实本性——阿特曼,那么我们为何要在外部世界寻求它们?答案是,因为我们对自己的真实本性无知,所以我们奋力在外部世界寻求生存、知识、快乐。

第二,如果存在、意识、喜乐是阿特曼的本质,那么对它们的追求究竟是如何产生的?圣人们给出的答案是:"有限者之中没有真正的喜乐,只有无限者才有真正的喜乐。"[1]

梵或至上阿特曼,即至上真我,是存在、意识、喜乐无限的终极源头。只有觉悟梵,三个基本追求——生存、知识、快乐才能获得终极的、绝对的满足。个体真我或阿特曼是梵不可分割的部分或反射。然而,由于无明,阿特曼与梵疏离,这种疏离在我们内部制造了一种不圆满感(apurnate)。因而,三个基本追求尽管源于阿特曼,却无法

---

[1] 《唱赞奥义书》7.23。

获得绝对满足。当阿特曼与梵合一，才能实现圆满，只有到那时，三个基本追求才会获得绝对满足。

"醒来"的响亮召唤是一种敦促，敦促人觉悟自己的真实本性——阿特曼、个体真我，也称为内部真我。有了这一认识，灵性追求者就能理解源于真我的三个基本冲动，而这种理解能使他保持对身体和外部客体的不执。

然而，这还不是终极目标，他不应止步于这种觉悟。

直达目标

终极目标是觉悟梵，并将个体的阿特曼认同于梵。只有到那时，三个基本追求——生存、知识、快乐才会获得终极的、绝对的满足；只有到那时，生活中的所有追求才会止息，整个不圆满感才会消失，灵魂才会臻达圆满。

在印度中世纪的灵性传统（至今尚存）中，已经获得梵知的彻底觉悟的灵魂被认为过着一种漫游生活，观察着虚幻的世界，无所执着，无所挂碍。然而，19世纪的室利·罗摩克里希那树立了一个新的终极灵性觉悟理想，他以自己的生活表明了另一种更为高级和彻底的灵性生活。根据他的看法，获得梵知之后，觉悟的灵魂返回尘世，并认识到梵作为神居于所有人心中；他将自己的生活致力于无分别地为人服务。他说"服务于人就是服务于神"。室利·罗摩克里希那的弟子斯瓦米·维韦卡南达把这一观念作为社会服务方案的基础，并使之普及四方。斯瓦米吉的敦促"直达目标"意味着"不要停止灵性努力，直到你明白神临在每一个人心中，直到你将自己的生活致力于服务四方穷人、病人、被忽视之人"。